Cocktails
& Drinks

Cocktails & Drinks

NEUER HONOS VERLAG

Drinks mit Alkohol

Drinks ohne Alkohol

FREIXENET

Alles für die Bar

Mit dem richtigen Handwerkszeug macht das Mixen noch mehr Spaß. Hier sehen Sie alles, was es für die Bar gibt. Das eine oder andere Zubehör werden Sie sicherlich ohnehin besitzen, und auf einiges können Sie – zumindest am Anfang – auch verzichten.

1. Wein- und Sektflaschenkühler
Er erspart Ihnen den ständigen Griff in den Kühlschrank. Mit Eis gefüllt, hält der Kübel den Inhalt der angebrochenen Flaschen schön kalt.

2. Eisbehälter
Die meisten Drinks werden eiskalt serviert. Der Eisbehälter garantiert Ihnen, dass Ihr Eiswürfelvorrat nicht dahinschmilzt.

3. Eiszange
Mit der Eiszange haben Sie jeden Würfel fest im Griff.

4. Boston-Shaker
Er besteht aus einem größeren Metallbecher und einem etwas kleineren Rührglas.

5. Barlöffel
Spezielle Barlöffel erleichtern Ihnen durch die schmale, lange Form das Umrühren. Profis verwenden ihn häufig auch verkehrt herum.

6. Shaker
Ein Shaker gehört unbedingt zur Grundausstattung. Er sorgt dafür, dass alle Zutaten eines Drinks optimal durchgeschüttelt werden.

7. Messbecher
Die meisten Messbecher fassen auf der einen Seite 2 cl und auf der anderen Seite 4 cl.

8. Flaschenverschluss
Für Sekt- und Weinflaschen gibt es spezielle Verschlüsse in verschiedenen Variationen.

9. Flaschenöffner
Ein gut funktionierender Flaschenöffner muss immer zur Hand sein.

10. Barmesser
Kein Muss, aber sehr hilfreich ist ein Barmesser. Mit ihm lassen sich Früchte leichter schneiden, schälen und aufspießen als mit einem normalen Küchenmesser.

11. Barzange
Die Barzange ist ein sehr praktisches und vielseitiges Utensil, aber für den Hobby-Mixer durchaus entbehrlich.

12. Sektkorkenzange
Wer nur selten eine Sektflasche öffnet, kann auf diese spezielle Zange verzichten.

13. Barsieb
Auf ein Barsieb, auch Strainer genannt, sollte man nicht verzichten. Durch die Spirale passt es sich jeder Shaker- oder Glasöffnung an und hält beim Eingießen das Eis zurück.

14. Flaschenöffner und verschluss
Mit der einen Seite öffnet man die Flasche und mit der anderen kann man sie direkt wieder verschließen.

15. Weinthermometer
Ein Weinthermometer zeigt genau an, welche Temperatur der Flascheninhalt – nicht nur Wein – haben sollte und tatsächlich hat.

16. Ausgießer
Flaschen mit Ausgießer erleichtern die Dosierung – selbst für ganz geringe Mengen – der kostbaren Spirituosen.

17. Korkenzieher
Mit so genannten Glocken- oder Hebelkorkenziehern lässt sich jeder Korken ohne Kraftakt sauber entfernen.

18. Kellnerkorkenzieher
Ein Gerät mit drei Funktionen: Korkenzieher, Flaschenöffner und kleines Messer.

19. Trinklöffel
Praktisch für Mixgetränke mit Eis oder Früchten: ein Löffel mit integriertem Strohhalm.

20. Cocktailpicker
Kleine Cocktailspieße gibt es aus vielen Materialien und in vielen Farben.

Alkoholische Zutaten

Unüberschaubar und verwirrend ist das Angebot an Spirituosen. Das sollte jedoch Ihre Freude am Mixen von Cocktails und Longdrinks nicht trüben. Entscheidend ist nicht die Quantität der Flaschen in Ihrer Hausbar, sondern die Qualität und Ihre eigene Kreativität. Hier zunächst die alkoholischen Grundzutaten, die Sie dann peu à peu ganz nach persönlichem Geschmack durch weitere Spirituosen ergänzen können.

Brandy, Cognac & Weinbrand

Drei Worte, ein Begriff? Die Franzosen und Cognac-Experten würden energisch protestieren. Brandy ist die englische Bezeichnung für Weinbrand, während als Cognac grundsätzlich nur der Weinbrand bezeichnet werden darf, der aus den Weinen des Anbaugebiets Cognac im südfranzösischen Département Charente gewonnen wird. Diese Bestimmung geht auf den Versailler Vertrag zurück, der 1919 unterzeichnet wurde. Weinbrand hingegen ist die geschützte Bezeichnung für Qualitätsbranntwein aus Wein, der in Deutschland hergestellt ist. In Frankreich wird Wein schon seit dem 16. Jahrhundert gebrannt, während in Deutschland die ersten Weinbrennereien vor etwa hundert Jahren entstanden. Die Herstellung von Weinbrand und Cognac unterliegt strengen Vorschriften. Entscheidend für Qualität, Geschmack und Preis eines Weinbrands bzw. Cognacs sind nicht nur die verwendeten Rebsorten und das Destillationsverfahren, sondern vor allem die Art und Dauer der Reife. So muss ein Weinbrand mindestens sechs Monate (mit Qualitäts- oder Altersprädikat mindestens zwölf Monate) und ein Cognac mindestens zwei Jahre in kleinen Eichenholzfässern lagern. Das ursprünglich farblose Destillat verbindet sich mit den holzeigenen Stoffen und nimmt mit der Zeit eine goldgelbe bis goldbraune Farbe an. So haben das für die Fässer verwendete Holz und die Dauer der Lagerung entscheidenden Einfluss auf Farbe, Aroma und Geschmack von Weinbrand und Cognac. Der Mindestalkoholgehalt von Weinbrand liegt bei 38 % Vol.

Gin

Gin darf in keiner Hausbar fehlen, ist er doch die Basis für unzählige Cocktails und Longdrinks. Auch wer sich bisher kaum mit dem Thema Mix-Drinks befasst hat, kennt den Gin Tonic und

den Gin Fizz. Vor über zweihundert Jahren entwickelten die Engländer die Rezeptur für Gin. Der holländische Genever hatte sie auf den Geschmack gebracht. Gin und Genever – beide Namen sind abgeleitet von „genièvre", dem französischen Wort für Wacholder. Gemeinsam ist beiden der Wacholdergeschmack, der jedoch beim Gin durch eine zweite Destillation und die Kombination mit verschiedenen Gewürzen (Koriander, Kardamom, Orange,

Angelikawurzel etc.) nicht so ausgeprägt ist. So eignet sich Gin im Gegensatz zum Genever hervorragend zum Mixen und gilt international als „Herz des Cocktails", da er sich mit vielen anderen Zutaten verträgt.

Rum

Die Heimat des Rums sind die Inseln im Karibischen Meer: Kuba, Jamaica, Haiti, Puerto Rico, Guadeloupe, Martinique, Barbados und Trinidad. Im tropischen Klima dieser Inseln wächst das Zuckerrohr, bei dessen Verarbeitung neben Zucker Melasse, eine dickflüssige Substanz, zurückbleibt. Sie ist der Grundstoff jeden Rums. Die Geschmacksunterschiede der verschiedenen Rum-Typen ergeben sich durch die weitere Behandlung, wie zum Beispiel die Zugabe von spezieller Hefe, die Destillation und die Dauer der Lagerung (sechs Monate bis zu mehreren Jahren). Sie erfolgt wie beim Weinbrand und Cognac in Fässern aus Eichenholz. Die Farbskala des Rums reicht von Weiß über Gold bis zu tiefdunklem Braun. Je dunkler der

Rum, desto intensiver ist das Aroma. Weißer Rum (37,5 % Vol) eignet sich daher besonders zum Mixen von leichten Cocktails und Longdrinks, während hochprozentiger, dunkler Rum (bis 75 % Vol) ideal ist für heiße Mixgetränke wie Grog und Punsch.

Whiskey & Whisky

Das „e" im Whisky ist ein Hinweis, dass er aus Irland oder den USA stammt. Unterschiedlich wie die Schreibweise ist auch der Geschmack der verschiedenen Whisk(e)y-Sorten. Keine gleicht der anderen, auch wenn die Grundlage immer ein Getreidebranntwein ist. Selbst Scotch ist nicht gleich Scotch, obwohl er ausschließlich in Schottland hergestellt wird. Der Grain (Getreide)-Whisky ist milder als der Malt (Malz)-Whisky. Der rauchige Geschmack entsteht durch das Trocknen des Malzes über schwelendem Torffeuer. Am häufigsten wird der Blended Scotch angeboten – eine Mischung aus Malt- und Getreide-Whisky. Irish Whiskey wird nicht über offenem Feuer gedarrt (getrocknet), ist mild und hat einen intensiveren Malzgeschmack. Bourbon Whiskey, meist nur Bourbon genannt, wird in den Vereinigten Staaten aus einer Getreidemischung hergestellt, die zu mindestens 51 Prozent aus Mais besteht. In Amerika und Kanada wird der überwiegend aus Roggen bestehende schwere Rye Whisk(e)y gebrannt, während der leichte Canadian Whisky zu 51 Prozent aus Roggen besteht. Deutscher Whisky hat den leicht rauchigen Geschmack des Blended Scotch Whisky. Der Alkoholgehalt von Whisky liegt in der Regel bei 40 % Vol. Das Wort Whisky ist übrigens abgeleitet von dem gälischen „uisge beatha", zu deutsch Lebenswasser. Ob wir dieses Lebenswasser nun den Schotten oder Iren zu verdanken haben, ist bis heute nicht eindeutig geklärt.

Wodka

Keine Zweifel über die Urheberschaft gibt es beim Wodka – dem russischen Nationalgetränk. Mit den russischen Emigranten kam er in den Westen. Für die Herstellung von Wodka, was übersetzt ganz einfach Wässerchen heißt, wird das Destillat aus Getreide oder Kartoffeln durch aktive Holzkohle gefiltert. Während die Russen ihren Wodka pur genießen, ist er – neutral in Farbe und Geschmack – im Westen vor allem als ideale Basis für Cocktails und Longdrinks beliebt. Wodka-Mixgetränke wie „Bloody Mary“ und „Screwdriver“, in Amerika kreiert, trinkt man heute weltweit. Der Alkoholgehalt von Wodka liegt bei 40 bis 45 % Vol.

Likör

Likör bzw. Liqueur gibt es in unzähligen Geschmacks- und Farbvarianten. Hergestellt wird er aus Branntwein, Zuckerlösung, Fruchtsäften und Aromastoffen, die hauptsächlich aus Kräutern, Gewürzen und Früchten gewonnen werden. Kein Likör besteht aus nur einem Aroma. Es handelt sich immer um eine Komposition. Man unterscheidet zwischen Zitruslikören, Fruchtsaftlikören, Fruchtaromalikören, Kakao-, Kaffee- und Teelikören, Emulsionslikören (Eier-, Schokoladen-, Sahne- und Milchlikör), Kräuterlikören und Honiglikören. Hinzu kommen die Individualisten unter den Likören wie beispielsweise Drambuie und Grand Marnier, die sich keiner dieser Gruppen zuordnen lassen.

Als Brandy werden Fruchtsaft- oder Fruchtaromaliköre bezeichnet, wenn sie einen bestimmten Anteil an Obstbranntwein enthalten. Bei „Crème de ...“ bzw. „Cream“ handelt es sich um besonders süße, dickflüssige Liköre. Der Alkoholgehalt eines Likörs liegt zwischen 15 und 30 % Vol.

Sekt & Champagner

Bis zum Ende des Ersten Weltkriegs wurde jeder Schaumwein als Champagner bezeichnet. Erst seit der Unterzeichnung des Versailler Vertrages 1919 ist dieser Begriff allein dem Schaumwein aus der Champagne vorbehalten. Und er wird nach wie vor nach der sehr aufwendigen „Méthode Champenoise“ hergestellt. Da Champagner – und das gleiche gilt für Sekt – beim Verlassen der Kellerei die optimale Reife erreicht hat, kann er durch lange Lagerung nicht gewinnen, sondern nur verlieren. Champagner und Sekt gibt es in den Geschmacksrichtungen brut (herb), extra brut bzw. dry (extra herb bzw. trocken), sec (trocken) und demi-sec (halbtrocken). Für Mixgetränke und für Bowlen sind trockene Sorten am besten geeignet. Champagner und Sekt sollten zwar kühl, aber nie eiskalt serviert werden. Bei zu niedrigen Temperaturen erfriert die Blume. Gläser immer mit klarem Wasser aus- bzw. nachspülen. Spülmittelreste können nicht nur den Geschmack verändern, sondern verhindern auch das Perlen.

Spirituosen-ABC

Amaretto: Italienischer Likör auf Mandel- und Aprikosenbasis, ergänzt durch verschiedene Kräuter (28 % Vol).

Angostura: Aromatischer Kräuterbitter, ursprünglich aus Ciudad Bolivar, dem früheren Angostura, heute aus Trinidad (44 % Vol).

Anisette: Französischer Kräuterlikör.

Aperol: Italienischer Bitter-Apéritif mit Ingredienzen wie Rhabarber, Chinarinde, Enzian, Bitterorangen und anderen Kräutern (11,5 % Vol).

Apricot Brandy: Fruchtaromalikör, hergestellt aus Aprikosen, Aprikosengeist und Weinbrand.

Aquavit: Trinkbranntwein mit Kümmelaroma.

Bénédictine: Goldfarbener französischer Likör auf Branntweinbasis, der nach dem Rezept eines Benediktiner-Mönchs aus 27 Pflanzen und Kräutern hergestellt wird (43 % Vol).

Blackberry Brandy: Fruchtsaftlikör aus Brombeersaft und -geist.

Calvados: In Frankreich hergestellter Apfel-Branntwein (40 % Vol).

Campari: Italienischer Bitter, der als Apéritif „on the rocks", mit Soda oder Sekt getrunken, aber auch häufig für Mix-Drinks verwendet wird (25 % Vol).

Cassis: Auch Crème de Cassis. Französischer Likör aus dem Saft schwarzer Johannisbeeren.

Chartreuse: Ein Likör, der aus 135 Kräutern hergestellt wird. Chartreuse vert (grün) enthält 55 % Vol. Alkohol, Chartreuse jaune (gelb) 43 % Vol.

Cherry Heering: Dänischer Kirschlikör mit Bittermandelgeschmack (25 % Vol).

Cointreau: Französischer Curaçao-Likör, hergestellt aus Schalen von grünen und bitteren Orangen (40 % Vol).

Crème de Bananes: Weißer oder gelbbrauner Likör mit Bananengeschmack.
Crème de Cacao: Weißer oder brauner Likör mit Kakaogeschmack.

Crème de Framboise: Himbeerlikör.

Crème de Menthe: Weißer oder grüner Pfefferminzlikör.

Curaçao: Süßer Likör, der aus der Schale der grünen Curaçao-Orange hergestellt wird. In Weiß, Blau, Orange und Grün. Curaçao Triple Sec ist farblos und etwas herber.

Drambuie: Scotch-Whisky-Likör mit Kräutern und schottischem Heidehonig (40 % Vol).

Dubonnet: Französischer Likörwein auf Pflanzen- und Kräuterbasis.

Edelobstbranntwein: Er wird ausschließlich aus einer Frucht- bzw. Beerensorte (Kirschen, Mirabellen, Birnen, Zwetschen, Himbeeren, Brombeeren usw.) ohne jeden Zusatz hergestellt.

Escorial grün: Deutscher Kräuterlikör.

Galliano: Italienischer Kräuterlikör.

Gammel Dansk Bitter Dram: Dänischer Kräuterlikör.

Grand Marnier: Französischer Likör aus Cognac und dem Aroma von Bitterorangen (40 % Vol).

Kahlúa: Mexikanischer Cafélikör.

Kroatzbeere: Likör, der aus wild wachsenden Brombeeren hergestellt wird.

Licor 43: Spanischer Likör mit Vanillenote.

Maraschino: Farbloser italienischer Likör, der aus halbreifen Marschinokirschen und Gewürzen hergestellt wird.

Marsala: Italienischer Süßwein.

Peach Brandy: Pfirsichlikör mit Weinbrand.

Pernod: Französischer Branntwein, der aus Anis-Essenz und verschiedenen Kräutern hergestellt wird.

Sambuca: Italienischer Anislikör.

Southern Comfort: Bourbon Whiskey-Likör (40 % Vol).

Tequila: Farbloser bis goldbrauner Agavenschnaps. Nationalgetränk der Mexikaner.

Tia Maria: Auf der Basis von Jamaica Rum hergestellter Likör mit Kaffeearoma.

Vermouth (Wermut):
Eine Mischung aus Wein, Alkohol und zahlreichen Kräutern und Aromen. Vermouth gibt es in vier Geschmacksrichtungen: Bianco, Dry, Rosso und Rosé.

Eier

Mit Eiern gemixte Cocktails – man nennt sie Flips – erfreuen sich besonderer Beliebtheit. Wichtig ist aber gerade bei der Verwendung von rohen Eiern, dass sie absolut frisch sind. Die beste Garantie sind deutsche Eier aus der engeren Umgebung. Bei einem aufgeschlagenen Frischei ist das Dotter hoch gewölbt und zeigt einen festen, dicken Eiweißring. Mit zunehmendem Alter flacht der Dotter ab und das Eiweiß läuft dünnflüssig auseinander.

Und hier noch ein weiteres Frische-Merkmal: Beim frischen Ei ist die Luftkammer, die sich an der stumpfen Seite befindet, nur einige Millimeter groß. Je älter ein Ei ist, desto größer ist die Luftkammer. Besonders deutlich wird das beim Kochen: Das frische Ei mit kleiner Luftkammer sinkt auf den Boden, während das Ei mit großer Luftkammer nach oben steigt. Frische Eier enthalten hochwertiges Eiweiß, leicht verdauliches Fett, eine Menge Mineralien, Spurenelemente und lebenswichtige Vitamine.

Kaffee

Kaffee beflügelt Geist und Phantasie. Der schwarze Muntermacher schmeckt jedoch nicht nur solo. Als Mixdrink serviert – heiß oder kalt, mit oder ohne Schuss –, wird er zum Hochgenuss. Allerdings hängen Qualität und Geschmack von vielen Faktoren ab. Da wäre zunächst einmal die Kaffeesorte. Sie haben die Wahl zwischen milden und kräftigen Mischungen bis hin zum Mokka und Espresso. Für den Kannenaufguss sollte er mittelgrob gemahlen sein, für Filterkaffee mittelfein und für Espresso und türkischen Mokka sehr fein. Für die meisten Kaffee-Mixgetränke ist löslicher Kaffee (auch Instant oder Extrakt genannt) ebenfalls bestens geeignet. Er wird ausschließlich aus Röstkaffee unter Verwendung von Wasser hergestellt.

Ob löslicher oder Röstkaffee – der Geschmack hängt wesentlich von der Qualität des Wassers ab. Zu weiches Wasser betont die Säure des Kaffees (etwas Kochsalz hinzugeben), während zu hartes Wasser den Kaffee „verschleiert“ und fad werden lässt. Eine Alternative ist die

Verwendung von Mineral- oder Heilwasser. Löslichen Kaffee im Gegensatz zu Röstkaffee mit heißem, aber nicht sprudelnd kochendem Wasser aufgießen. Pro Tasse nimmt man bei Röstkaffee 6 bis 8 g (ein gestrichenes Kaffeelot) und bei löslichem Kaffee ca. 1,8 g (ein bis zwei Kaffeelöffel).

Eine entscheidende Rolle spielt auch die Zubereitung. Kaffee sollte – egal, ob er heiß oder kalt getrunken wird – stets frisch aufgebrüht werden. Für kalte Mixgetränke immer schnell abkühlen, da sonst Aromastoffe verlorengehen und der Kaffee einen bitteren Geschmack bekommt. Bewahren Sie Ihren Kaffee in einem gut verschlossenen Behälter auf – am besten im Kühlschrank. Vor Licht und Luft geschützt, bewahrt er länger sein Aroma.

Milch

Milch enthält fast alle Nährstoffe, die der Mensch zum Leben braucht: Milcheiweiß, Milchzucker, Milchfett, wertvolle Mineralstoffe (Calcium und Phosphor) sowie ein Vielzahl von Vitami-

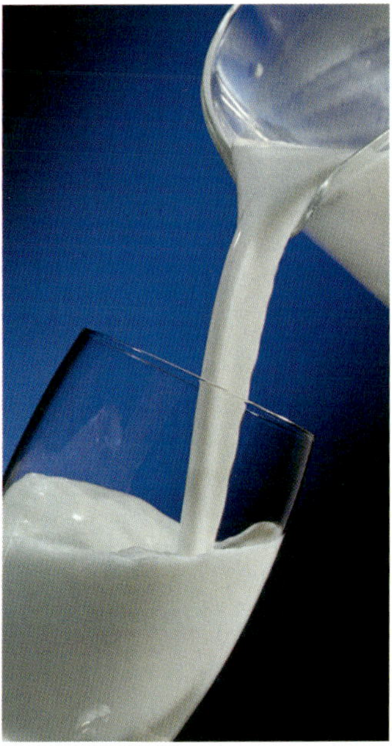

nen. Und Milch lässt sich vielseitig mit Frucht- und Gemüsesäften, Obst und Kräutern mixen – ganz nach Geschmack süß oder pikant, kalt oder heiß, mit oder ohne Alkohol. Immer erst die Milch und dann die Zutaten in das Gefäß geben und kräftig mixen, damit die Milch nicht gerinnt. Vielfältig ist auch das Angebot an Milchmischgetränken wie beispielsweise Kakao, Himbeer- und Erdbeermilch.

Alle Vorzüge der Milch sind auch in den so genannten Milchfrischprodukten enthalten, zu denen Buttermilch, Sauermilch bzw.

Dickmilch, Joghurt und Kefir ebenso gehören wie Sahne und Speiseeis. Milch und Milchfrischprodukte gibt es in verschiedenen Fettgehaltsstufen. Da sie leicht Fremdgerüche annehmen, wärme- und lichtempfindlich sind, sollte man sie immer gut verschlossen, kühl und dunkel (im Kühlschrank) aufbewahren. Dann behalten sie ihren Geschmack und den vollen Nährstoffgehalt.

Und hier noch einige nützliche Tipps: Wenn Sie den Kochtopf mit kaltem Wasser ausspülen, brennt die Milch nicht so leicht an. Und wenn Sie die Milch nach dem Aufkochen mit einem Eiswürfel abschrecken, bildet sich keine Haut. Kalte Schlagsahne wird schneller steif, und Speiseeis lässt sich am besten portionieren bei einer Temperatur von minus 14 bis 12 Grad Celsius. Daher Eis schon einige Minuten vor der Verwendung aus dem Gefrierschrank nehmen.

Säfte & Limonaden

Fruchtsaft, Nektar, Fruchtsaftgetränk und Limonade – wo liegt der Unterschied? Fruchtsaft besteht grundsätzlich und ausschließlich aus dem Saft frischer Früchte. Er enthält keinerlei Konservierungs- oder Farbstoffe und ist meist ohne Zuckerzusatz hergestellt. Fruchtsäfte gibt es sortenrein wie Apfelsaft, Orangensaft und Traubensaft oder aus mehreren Fruchtarten wie Apfel-Orangen-Maracujasaft, Apfel-Kirschsaft oder Multi (Mehr)-Fruchtsaft. Fruchtsäfte sind klar, naturtrüb oder fruchtfleischhaltig. Multi-Vitamin-Fruchtsäfte

sind mit zusätzlichen Vitaminen angereichert.

Fruchtnektar heißen Getränke, die einen Mindestgehalt von Fruchtsaft und Fruchtmark haben – er liegt je nach Frucht zwischen 25 und 50 Prozent – und mit Wasser und Zucker bzw. Honig hergestellt werden. Auch Nektar gibt es aus einer Fruchtart, mehreren Früchten und mit zusätzlichen Vitaminen angereichert. Außerdem wird Diät-Fruchtnektar angeboten, der anstelle von Zucker Süßstoff enthält. Auch Nektar wird ohne Konservierungsstoffe hergestellt. Für Fruchtsaft und -nektar gilt: Geöffnete Flaschen und Packungen kühl und lichtgeschützt aufbewahren und spätestens innerhalb von drei bis vier Tagen aufbrauchen!

Fruchtsaftgetränke enthalten Fruchtsaft, Fruchtsaftkonzentrat, Fruchtmark und Fruchtmarkkonzentrat. Der Mindestfruchtsaftgehalt liegt bei Fruchtsaftgetränken aus Kernobst oder Trauben bei 30 Prozent, aus Zitrusfrüchten bei 6 Prozent und aus anderen Fruchtsaftarten bei 10 Prozent. Kalorienarme Fruchtsaftgetränke sind mit Süßstoff gesüßt.

Limonaden enthalten Aromen (Essenzen) mit natürlichen Aromastoffen und in der Regel Zitronensäure, Weinsäure, Milchsäure oder Apfelsäure sowie deren Salze. Tonic Water, Bitter Lemon und Bitter Orange erhalten ihren leicht bitteren Geschmack durch Chinin (Extrakt aus der Rinde des Chinabaums), während Ginger Ale mit Ingweressenz hergestellt wird.

Gemüsesaft ist ebenso wie Fruchtsaft und -nektar frei von Konservierungsstoffen. Mischungen aus Gemüsesäften werden auch als Gemüsesaft-Cocktail bezeichnet. Gemüsetrunk ist über die ursprüngliche Saftstärke hinaus verdünnt.

Beim Mixen von Cocktails und Longdrinks spielt vor allem Zitronensaft eine entscheidende Rolle. Wenn Sie Zitronen auspressen, ergibt eine Frucht etwa 4 cl Saft. Etwas saurer und kleiner als Zitronen sind Limonen bzw. Limetten. Neben reinen Zitronensäften werden speziell zum Mixen von Cocktails und Longdrinks auch Zitronenspezialitäten wie Lime Juice (gesüßtes Zitronen-Konzentrat) und Pulco (ohne Zucker und Konservierungsstoffe) angeboten.

Sirup

Sirup wird aus mit Zucker verkochten natürlichen Früchten bzw. Fruchtsäften hergestellt. Durch die hohe Zuckerkonzentration ist kein Konservierungsstoff erforderlich. Bewahren Sie angebrochene Flaschen im Kühlschrank auf. So unterschiedlich wie Geschmack und Farbe der Früchte ist auch der aus ihnen gewonnene Sirup. Besonders beliebt in Cocktails und Longdrinks ist Sirup aus exotischen Früchten wie Kokosnuss (auch als Crème erhältlich), Mango, Maracuja, Guave usw.

Ganz obenan steht Grenadine, der orangerote, fruchtig-süße Sirup aus Granatäpfeln und Kräutern.

Tee

„Tee regt an, aber nicht auf", behaupten überzeugte Teetrinker. Der Grund: Das mit dem Coffein vergleichbare Teein wirkt nicht über Herz und Kreislauf, sondern über das Nervensystem. Die belebende Wirkung stellt sich langsamer, aber dafür anhaltender ein. Eine beruhigende Wirkung hat Tee, wenn er länger als drei Minuten zieht, da sich dann die Gerbstoffe des Tees im heißen Wasser gelöst haben. Länger als fünf Minuten sollte er allerdings nie ziehen, da zu viele Gerbstoffe einen bitteren Geschmack erzeugen. Zieht er dagegen zu kurz, kann sich sein Aroma nicht entfalten.

So verschieden wie die Herkunft des Tees ist seine Farbe, sein Aroma und sein Geschmack. Darjeeling Tee, der aus den hoch gelegenen indischen Anbaugebieten am Himalaya stammt, ist sehr mild, Ceylon-Tee hat einen frisch-herben Geschmack, während der aus dem Norden Indiens stammende Assam-Tee dunkler, sehr kräftig und würzig ist. Außerdem werden aromatisierte Tees in vielen verschiedenen Geschmacksvarianten angeboten. Hinzu kommen Kräuter- und Früchtetees.

Auch bei der Zubereitung von Tee spielt die Qualität des Wassers eine entscheidende Rolle. Ist es zu weich, zu hart oder stark gechlort, sollten Sie daher besser Mineral- oder Heilwasser verwenden. Wichtig ist, dass Sie Tee immer mit frisch gekochtem, sprudelndem Wasser aufgießen. Teekenner verwenden kein Tee-Ei, sondern geben die Teeblätter (ca. 1,5 g = 1 gehäufter TL pro Tasse) direkt in die vorgewärmte Teekanne, in ein Teenetz, ein Sieb oder einen Teefilter. Natürlich können Sie auch Teebeutel verwenden, deren Inhalt identisch ist mit dem losen Tee. Übrigens sollte man die Teekanne nur mit heißem Wasser ohne Spülmittel reinigen. Kenner schwören darauf, dass der entstehende Belag den Geschmack des Tees fördert.

Wasser

Wasser ist nicht gleich Wasser. Insgesamt werden rund 400 Sorten natürliches Mineralwasser und 65 Sorten Heilwasser aus deutschen Brunnen angeboten. Gemeinsam ist ihnen, dass sie absolut kalorienfrei sind. Sehr verschieden hingegen ist die Zusammensetzung und Konzentration von Mineralien und Spurenelementen, die über Wirkung und Geschmack des Wassers entscheiden.

Hier ein kurzer Überblick, was die Angaben auf dem Etikett aussagen: Natrium aktiviert Nerven und Muskeln, Kalium ist wichtig für das Wachstum der Zellen, Calcium ist ein wichtiger Baustein von Knochen und Zähnen, Magnesium regt die Muskeltätigkeit an und

stärkt die Knochensubstanz, Eisen ist ein Teil des roten Blutfarbstoffs, Chlorid sorgt für Salzsäurebildung im Magen, Sulfat regt die Gallenfunktion an und stärkt die Leber, Hydrogencarbonat reguliert den Säurespiegel des Blutes und fördert die Magen-Darm-Funktion.

Tafel (Soda)-Wasser ist eine Mischung aus Trink-, Quell- und natürlichem Mineralwasser, das mit natürlichem Salz- und Meerwasser vermengt werden darf. Professionelle Mixer produzieren es mit Hilfe eines Siphons selbst.

Welches Wasser Sie für Ihre Drinks verwenden, ist letztlich eine Geschmackssache. Mit Wasser aus der Flasche sollten Sie auch Eiswürfel, Kaffee und Tee zubereiten, wenn Ihr Wasser aus der Leitung zu hart oder stark gechlort ist.

Zucker

In Cocktails und Longdrinks wird Zucker überwiegend als Sirup verwendet, da er sich schneller als Kristallzucker mit den übrigen Zutaten verbindet. Zuckersirup können Sie leicht selbst herstellen: 500 Gramm Zucker mit einem halben Liter Wasser unter Rühren so lange sprudelnd kochen lassen, bis sich der Zucker aufgelöst hat, abkühlen lassen, in eine Flasche oder ein Glas füllen, fest verschließen und im Kühlschrank aufbewahren.

Unentbehrlich ist Zucker für den so genannten Crusta-Rand, den Sie durch Verwendung von braunem oder Hagelzucker variieren können. Schlagsahne bleibt länger fest, wenn man sie erst kurz vor dem Steifwerden mit Puderzucker süßt. Zum Süßen von heißen Getränken ist Würfelzucker am besten geeignet, während Teetrinker Kandis bevorzugen. Auch Würfelzucker und Kandis gibt es „gebräunt". Alle braunen Zuckersorten haben ein leichtes Karamelaroma. Und schließlich wäre da noch der Zuckerhut, den Sie für Ihre Feuerzangenbowle benötigen.

Wer aus gesundheitlichen Gründen oder aus Angst um die Linie keinen Zucker verwenden darf oder möchte, kann auch mit Süßstoff süßen, den es flüssig (für kalte Drinks) und in Tablettenform (für heiße Getränke) gibt.

Die richtigen Gläser

Starre Regeln, in welchem Glas man welches Getränk serviert, gibt es bei Cocktails und Longdrinks nicht. Die Größe ergibt sich ohnehin meist schon durch das Volumen des Drinks. Dass man für Longdrinks größere Gläser verwendet, sagt schon der Name. Im Zweifelsfalle ist es immer besser, sich für ein etwas größeres als für ein zu kleines Glas zu entscheiden. Man muss es ja nicht randvoll füllen. Schließlich soll das Servieren und Trinken nicht zum Balanceakt werden. Viel wichtiger als die Form ist die Optik des Glases. Es sollte nicht nur farb- und schnörkellos sein, damit der Drink so richtig zur Geltung kommt, sondern auch absolut sauber und fleckenfrei. Spülen Sie jedes Glas mit klarem, heißem Wasser nach und polieren Sie es mit einem fusselfreien Tuch. Und hier ein Überblick über die verschiedenen Gläser und wofür man sie verwenden kann:

Weingläser unterscheiden sich in Form und Größe je nach Art des Weines, für den sie bestimmt sind. Weißweingläser haben ein Fassungsvermögen von 10 bis 15 cl und sind vor allem für Cocktails ideal, die mit Crusta-Rand serviert werden. Aber auch die etwas größeren Rotwein-, Bordeaux- und vor allem die ballonartigen Burgundergläser sind bestens für Cocktails geeignet. Im Sherryglas kommen Shortdrinks, deren Zutaten übereinander geschichtet sind, optisch gut zur Geltung.

Rotweinglas, Weißweinglas, Dessertweinglas, Sherryglas

Bordeauxglas, Rosé- und Weißherbstglas, Burgunderglas

Champagnerglas, Sektkelch, Sektschale

Sektgläser gibt es als Kelche und Schalen. Ihr Fassungsvermögen liegt je nach Größe bei 10 bis 25 cl. In den kleineren Sektkelchen können Sie Sekt-Cocktails und Flips kredenzen, in den etwas größeren auch Cobblers, Sorbets, Frappés und die so genannten „Fancy-Drinks". Am vielseitigsten verwendbar ist die Sektschale – ideal für alle Cocktails, die mit Sekt aufgefüllt werden.

Mineralwasserglas, Pilstulpe, Whiskyglas, Schnapsglas, Longdrinkglas

Longdrinkgläser haben ein Fassungsvermögen von 20 bis 25 cl. In ihnen können Sie alle Drinks kredenzen, die mit Soda-, Tonic- und Mineralwasser oder mit Fruchtsäften aufgefüllt bzw. mit viel Eis serviert werden. Ideal auch für alle Milch-Mixgetränke.

Whiskygläser, auch Tumbler oder – seltener – Old Fashioned genannt, sind keineswegs dem Whisky vorbehalten. Mit ihrem Fassungsvermögen von 5 bis 25 cl sind sie für Old Fashioned, Fizzes, Sours, Highballs, kalte Punsche und auch für Longdrinks geeignet.

Mineralwassergläser und ***Pilstulpen*** können Sie ebenfalls für Longdrinks mit und ohne Alkohol verwenden.

Schnapsgläser sind nützlich, wenn Sie kein spezielles Messglas besitzen. Der Inhalt eines Schnapsglases entspricht 2 bis 2,5 cl.

Martiniglas, Cocktailschale, Likörschale, Likörkelch, Cognacschwenker

Martinigläser bzw. Vermouthgläser haben einen langen Stiel und eine weite Öffnung. In ihnen werden speziell Apéritifs wie der Martini Dry und der Gibson serviert.

Cocktailschalen gibt es in verschiedenen Größen mit einem Fassungsvermögen von 5 bis 10 cl. In ihnen können Sie alle Cocktails servieren. Kleinere Cocktailschalen sind ideal für alle Drinks mit Crusta-Rand.

Likörgläser gibt es in Schalen- und Kelchform. Sie sind mit ihrem geringen Fassungsvermögen (5 cl) kaum für Mix-Drinks geeignet, aber wie die Schnapsgläser nützlich als Messglas.

Man muss kein Künstler sein, damit aus dem Drink nicht nur ein Genuss für den Gaumen, sondern auch für das Auge wird. Je fruchtiger und erfrischender ein Longdrink ist, desto fantasievoller darf die Verzierung sein.

Der ***Crusta-Rand*** ist nicht nur sehr dekorativ, sondern auch ganz einfach herzustellen: Den Glasrand mit einem Zitronenstück befeuchten oder direkt in Zitronensaft und dann in Zucker tauchen. Wenn Sie das Glas anschließend einige Minuten in den Kühlschrank stellen, wird der Crusta-Rand haltbarer.
Statt des Zitronensafts können Sie auch Eiweiß, jeden anderen Fruchtsaft oder auch Sirups verwenden. Nehmen Sie zum Beispiel Grenadine, wenn ein roter Rand zum Inhalt des Longdrinks passt. Oder tauchen Sie den angefeuchteten Glasrand in gemahlene oder geraspelte Haselnüsse bzw. Mandeln.

Eine andere interessante Variante ist der Kokosnuss-

Weißer Crustarand

Kirsche mit rosa Crustarand

Bunter Zuckerrand

rand: Glas in Kokosnusssirup oder -likör und dann in Kokosraspeln tauchen.

Kaffee- und Schokoladendrinks können Sie verzieren, indem Sie den angefeuchteten Glasrand in braunen Zucker, Kaffee- oder Schokoladenpulver tauchen. Und Kinder sind begeistert, wenn ihnen der Drink mit einem Rand aus bunten Zuckerperlen serviert wird.

Der ***Salzrand*** für herzhafte Drinks ist so einfach wie der Zuckerrand: Befeuchten Sie den Glasrand ebenfalls mit Zitronensaft und tauchen Sie ihn dann in normales Speisesalz oder in Selleriesalz.

Zitrusfrüchte gehören zu den beliebtesten Verzierungen von Cocktails und Longdrinks. Verwenden Sie für diesen Zweck nur unbehandelte Zitronen, Orangen, Grapefruits und Limetten (die westindischen, sehr aromatischen Zitronen mit grüner Schale werden auch Limonen genannt). Immer unter fließendem Wasser gründlich abbürsten und anschließend trockentupfen.

Eine dekorative Zitrusspirale erhalten Sie, indem Sie mit einem Schälmesser dicht an der Oberfläche (oberhalb der weißen Innenhaut) rundum gleichmäßige Streifen herausschälen. Ganz schmale Streifen können Sie auch zusätzlich noch dekorativ verknoten.

Selbst Zitrusscheiben, die in den Drink gegeben oder auf den Glasrand gesteckt werden, können Sie ganz einfach verzieren: Ritzen Sie, bevor Sie die Frucht in Scheiben schneiden, mit dem Schälmesser mehrere schmale Streifen in die Schale.

Sehr effektvoll sind auch in Windungen auf Spießchen gesteckte Zitrusscheiben, die man mit Cocktailkirschen kombinieren kann.

Karambole

Tropische Früchte wie die sternförmige Karambole (daher auch Sternfrucht genannt), die Kumquat (die Zwergorange wird mit Schale gegessen), die Physalis (Kapstachelbeere) sowie Papaya, Ananas, Kiwi, Melone und Banane machen – aufgespießt oder auf den Glasrand gesteckt – jeden Longdrink zur Augenweide. Und nicht zu vergessen die aus China stammende süß-saure Lychee, die man auch so schreibt, wie man sie spricht: Litschi.

Aber auch unsere einheimischen Früchte wie Erdbeeren, Kirschen, Pfirsiche, Äpfel und Trauben sind ideal für dekorative Verzierungen. Geschälte Bananen und Äpfel sollten Sie sofort mit Zitronensaft beträufeln, damit sie sich nicht verfärben.

Wichtig bei allen Früchten ist, dass sie frisch, reif und makellos sind. Bei Honigmelonen sollten Sie folgenden Test machen, da die Farbe nichts über die Reife verrät: Drücken Sie leicht auf die dem Stiel gegenüberliegende Seite. Wenn sie nachgibt, ist die Frucht reif.

Reife Ananasfrüchte erkennen Sie an dem intensiven Duft speziell am Stielansatz. Die Blätter sind im Übrigen auch eine sehr schöne Dekoration. Allerdings sollten Sie Ananas nicht zusammen mit Milchprodukten verwenden. Das erzeugt einen bitteren Geschmack.

Spießchen, ins Glas gestellt oder über den Rand gelegt, bieten eine Vielzahl von Variationsmöglichkeiten: Melonenstückchen oder -kugeln, Kirschen und Erdbeeren, Orangen- oder Zitronenscheiben mit Kirschen, Kirschen und Ananasstückchen, Grapefruit-, Bananen- und Limonenscheiben, Ananas-, Kiwi- und Papayascheiben, Kirsche, Papaya- und Sternfruchtscheiben, Kirsche, Pfirsich- und Kiwischeiben etc.

Dekorativ sind aber auch Spießchen mit nur einer Fruchtsorte wie zum Beispiel hellen oder dunklen

Rote Weintrauben

Spießchen

Trauben, Bananenscheiben, Kirschen oder Melonenkugeln. Wenn Sie keine Cocktailspießchen zur Hand haben, können Sie auch Zahnstocher verwenden.

Zitronenmelisse verleiht den Drinks nicht nur optisch ein frisches Aroma. Wenn Sie keinen Garten oder Balkon haben, können Sie frische Zitronenmelisse auch wunderbar im Blumentopf auf der Fensterbank ziehen. Falls Sie Zitronenmelisse im Bund kaufen, sollten Sie die Stiele sofort ins Wasser stellen. Auch zum Einfrieren ist Melisse geeignet: Waschen,

Ausgehöhlte Grapefruit mit Fruchtspießchen und Melisseblättchen

trockentupfen und im Gefrierbeutel ins Tiefkühlfach legen.

Minze ist ebenfalls sehr beliebt wegen ihres intensiven Aromas und sehr dekorativ. Auch sie lässt sich wunderbar im Garten, auf dem Balkon und mit ein bisschen Glück im Blumentopf auf der Fensterbank ziehen. Am intensivsten ist das Aroma kurz vor der Blüte im Juli/August.

Eiswürfel werden zur farbenfrohen Dekoration, wenn Sie Säfte oder Sirupe pur oder gemischt mit kohlensäurearmem Mineral- oder Heilwasser einfrieren. Legen Sie kleine Ausstechformen (Herzen, Sterne etc.) in die Eiswürfelschale, wenn Ihnen quadratische Würfel zu langweilig sind. Kurz vor dem Servieren unter fließendes Wasser halten. Oder benutzen Sie Eiskugelschalen bzw. -beutel.

Frucht- und sternförmig eingefrorener Fruchtsaft, Früchte in Würfel gefroren.

Überraschen Sie Ihre Gäste mit „Fancy-ice-cubes“. Für die Phantasie-Eiswürfel brauchen Sie lediglich einige tadellose Früchte wie Erdbeeren, Kirschen, Himbeeren, Johannisbeeren, Weintrauben oder kleine Stückchen von Zitrusfrüchten: Die Früchte in die Eiswürfelschale verteilen und mit Mineralwasser auffüllen. Auch Zitronenmelisse, Minze und Oliven lassen sich wunderbar in Eiswürfeln einfrieren. Nach wenigen Stunden sind die Früchte-Eiswürfel fertig.

Wenn Sie die Früchte lieber ohne den Eismantel servieren, halten Sie die Eisschale kurz unter fließendes Wasser, bis sich die äußere Eishülle gelöst hat. Sie können die geeisten Früchte dann einzeln in den Drink geben.

„Fancy-ice-cubes“ mit noch mehr Farbe und Geschmack für fruchtige Sommerdrinks: Grenadine-, Waldmeister- und Maracujasirup mit kaltem Malvenblütentee und Mineralwasser mischen, in verschiedene Eiswürfelformen füllen, Kirschen mit Stiel, kleine Melissenzweige und Zitronenstücke hineingeben und mit Mineralwasser auffüllen.

Trinkhalme in verschiedenen Farben und Formen haben den Vorteil, dass die Gäste nicht versehentlich am Glas ihres Nachbarn nippen. Verwechslungen können Sie auch ausschließen durch phantasievolle Rührstäbe und originelle Dekorationen, die auf den Glasrand gesteckt werden. Kleine und große Gäste freuen sich über diese Souvenirs, die sie an einen schönen Nachmittag oder Abend erinnern.

Auch beim Mixen macht Übung den Meister. Schnell werden Ihnen die Grundregeln geläufig sein. Dann schütteln auch Sie jeden Drink wie ein professioneller Barmixer sozusagen aus dem Handgelenk. Und da wären wir bereits beim ersten Stichwort:

Schütteln. Schütteln bedeutet immer, dass der Drink im Shaker zubereitet wird. Und dabei handelt es sich vor allem um Drinks, die schwer zu vermischende Zutaten wie Likör, Sirup, Sahne, Milch, dickflüssige Säfte und Eier enthalten. Sekt und kohlensäurehaltige Zutaten gehö-

ren grundsätzlich nicht in den Shaker, sondern werden anschließend aufgegossen.

Geschüttelt wird kurz und kräftig (10 bis 20 Sekunden) waagerecht vom Körper weg. Halten Sie den Deckel vorsichtshalber mit einem Finger fest. Durch das Schütteln wird das Getränk nicht nur gut gemixt, sondern auch gut gekühlt, ohne zu verwässern. Und damit kämen wir zum zweiten Stichwort – dem ***Eis***.

Je größer, glasiger, frischer und trockener die Eiswürfel sind, desto besser schmeckt der Drink. Geben Sie fünf bis sechs Eiswürfel in den Shaker, wenn Sie einen Drink zubereiten. Bei mehreren Drinks weniger. Auf das Eis kommen zunächst die nichtalkoholischen Zutaten und zum Schluss der Alkohol. Nach dem Schütteln wird der Drink durch ein Barsieb (Strainer) abgeseiht. Das Eis, das im Shaker zurückbleibt, nicht mehr verwenden! Gießen Sie die Gläser nicht in einem Schwung randvoll, sondern „mit Gefühl" – dem Geschmack und der Optik zuliebe.

Im ***Rührglas*** werden vor allem Drinks mit dünnflüssigen Zutaten – auf viel Eis – gemixt. Rühren Sie vorsichtig mit einem langstieligen Barlöffel oder einem so genannten Stirrer, bis das Glas beschlagen ist. Wie beim Shaken wird der Drink anschließend durch ein Barsieb in das Glas abgeseiht. Je nach Drink eventuell im

Kühlschrank oder Tiefkühlfach vorkühlen! Im Gegensatz zu den geschüttelten Drinks bleiben im Rührglas zubereitete Mixgetränke klar.

Die dritte, beispielsweise beim Collins angewandte Mix-Methode ist die Zubereitung direkt im ***Glas***: Zutaten auf Eiswürfel in einen Tumbler oder ein Longdrinkglas geben und kurz umrühren.

Vor allem die vorwiegend mit Rum zubereiteten Karibik-Drinks und die so genannten Fancy (Phantasie)-Drinks werden häufig mit ***gestoßenem Eis*** *(crushed ice)* gemixt. Wenn Sie keine Eismühle besitzen, geben Sie das Eis in ein sauberes Geschirrtuch und zerstoßen es mit dem Nudelholz oder dem Fleischklopfer. Gestoßenes Eis nicht auf Vorrat herstellen und immer erst im letzten Augenblick in das Glas geben, da es schneller schmilzt als Eiswürfel.

Entscheidend für den Geschmack eines Drinks ist nicht so sehr die Mixtechnik, sondern in erster Linie die Qualität der ***Zutaten***.

Verwenden Sie möglichst frisch ausgepresste Zitrussäfte. Vorsicht ist geboten bei allen Zutaten mit intensivem Aroma wie Angostura, Likör, Sirup und Bitters. Bereits ein Tropfen zuviel kann den Geschmack des Drinks verfälschen. Verlassen Sie sich daher besser nicht auf Ihr Augenmaß, sondern auf das Messglas.

Die in den Rezepten angegebenen ***Mengen*** beziehen sich auf einen Drink, sofern nichts anderes genannt ist. Ob Cocktail oder Longdrink – die Grenzen sind fließend. In der Regel besteht ein Cocktail aus 5 cl Flüssigkeit, ein Longdrink aus 10–15 cl. Und schließlich sollten Sie noch wissen, dass die Menge eines Bar- und Teelöffels (0,5 cl) identisch, ein Schuss etwa 1 cl und ein Dash ein Spritzer ist. Fünf Spritzer entsprechen der Menge eines Bar- bzw. Teelöffels.

Wenn jetzt alle für die von Ihnen ausgewählten Drinks notwendigen Zutaten bereitstehen, die Gläser auf Hochglanz poliert sind und Sie die Grundregeln des Mixens nicht ignorieren, können Sie sicher sein, dass jeder Drink ein Genuss ist.

*Die Mengen auf einen Blick**

1 l	= 10 dl	= 100 cl	= 1000 ml	= 1000 g
3/4 l	= 7,5 dl	= 75 cl	= 750 ml	= 750 g
1/2 l	= 5 dl	= 50 cl	= 500 ml	= 500 g
1/4 l	= 2,5 dl	= 25 cl	= 250 ml	= 250 g
1/8 l	= 12,5 cl	= 125 ml	= 125 g	
1 EL	= 1,5 cl	= 15 ml	= 15 g	
1 TL	= 0,5 cl	= 5 ml	= 5 g	
1 Schnapsglas		= 2 cl	– 20 ml	
1 Weißweinglas		= 15 cl	= 150 ml	
1 Likörglas		= 5 cl	= 50 ml	
1 Tasse		= 15 cl	= 150 ml	

*Die Gramm-Angaben beziehen sich auf Wasser und können je nach Konsistenz der verwendeten Flüssigkeit geringfügig abweichen.

Abkürzungen: l (Liter), dl (Deziliter), cl (Zentiliter), ml (Milliliter), g (Gramm), EL (Esslöffel), TL (Teelöffel)

Drinks mit Alkohol

Capril Cocktail

- *3 cl Cognac*
- *1 cl Vermouth Rosso*
- *1 Spritzer Angostura*
- *1 TL Grenadine*
- *Kirsche*

Zutaten im Mixglas verrühren und in ein Cocktailglas abseihen. Mit Kirsche servieren.

Cognac Sour

- *4 cl Cognac*
- *2 cl Zitronensaft*
- *1 cl Zuckersirup*
- *Sodawasser*
- *1/2 Zitronenscheibe*

Cognac, Saft und Sirup im Shaker auf Eis gut schütteln und in einen Tumbler abseihen. Mit etwas Sodawasser auffüllen und mit der halben Zitronenscheibe dekorieren.

Kirsch-Kuss

Für 4 Personen

- ***8 cl Weinbrand***
- ***4 cl Kirschlikör***
- ***8 cl Orangensaft***
- ***4 cl Zitronensaft***
- ***Ginger Ale***
- ***4 Kirschen***
- ***Zitronenmelisse***

Weinbrand, Kirschlikör und Säfte auf Eiswürfel in vier hohe Gläser geben, umrühren und mit Ginger Ale auffüllen. Mit Kirschen und Zitronenmelisse dekorieren.

Side Car

- *3 cl Brandy*
- *3 cl Cointreau*
- *3 cl Zitronensaft*

Zutaten im Shaker auf Eis gut mixen und in ein vorgekühltes Cocktailglas abseihen.

BBC

- *4 cl Cognac oder Weinbrand*
- *2 cl Bénédictine D.O.M.*
- *1 -2 cl Sahne*

Ein Old-Fashioned-Glas zu zwei Dritteln mit Eiswürfeln füllen und die Spirituosen darüber gießen. Anschließend gibt man die Sahne dazu.

Dirty Mother

- *4 cl Brandy*
- *2 cl Kahlúa*
- *1 -2 cl Sahne*

Ein Old-Fashioned-Glas zu zwei Dritteln mit Eiswürfeln füllen und die Spirituosen darüber gießen. Anschließend gibt man die Sahne dazu.

Cognac Tropical

- *4 cl Cognac*
- *2 cl Orangenlikör*
- *2 cl frischer Zitronen- oder Limettensaft*
- *4 cl Orangensaft*
- *4 cl Ananassaft*
- *frische Minze*
- *Orangen- oder Ananasscheibe*
- *Muskatnuss*

Cognac, Likör und Säfte im Shaker auf Eiswürfeln schütteln und in ein Longdrinkglas abseihen. Mit Minze, Orangen- oder Ananasstück dekorieren und mit Muskatnuss bestäuben.

Summertime

- *4 cl Cognac*
- *1 cl Cassis*
- *1 cl frischer Zitronensaft*
- *10 cl Ginger Ale*
- *1/2 Orangenscheibe*
- *2 Cocktailkirschen*

Cognac, Cassis und Zitronensaft auf Eiswürfel in ein Longdrinkglas geben und mit Ginger Ale auffüllen. Mit der halben Orangenscheibe und Kirschen dekorieren.

Cognac Tropical; Summertime

Cognac Framboise

Cognac Framboise

- *1 EL in Cognac eingelegte Himbeeren*
- *1 EL Saft der eingelegten Himbeeren*
- *trockener Sekt oder Champagner*

Die Himbeeren und den Saft in ein Sektglas geben und mit Sekt bzw. Champagner auffüllen.

Tipp: Die in Cognac getränkten Himbeeren können Sie ohne großen Aufwand selbst zubereiten. Das Rezept reicht für viele Drinks. 500 g frische Himbeeren vorsichtig waschen und gut abtropfen lassen. Tiefgefrorene Himbeeren auftauen lassen. Mit 200 g Zucker in ein gut verschließbares Gefäß füllen und mit einem Liter Cognac übergießen. Das geschlossene Gefäß längere Zeit stehen lassen und ab und zu vorsichtig umrühren.

Champs Elysée

- *3 cl Cognac*
- *1 cl Bénédictine*
- *1 TL Zitronensaft*
- *1 Spritzer Angostura*

Zutaten im Shaker mit gestoßenem Eis mixen und in Cocktailschale abseihen.

Sunset

- *3 cl Weinbrand*
- *2 cl Edelkirsch Cream*
- *6 cl Ananassaft*
- *6 cl Orangensaft*
- *Limonenscheibe*
- *Erdbeere*

Weinbrand, Likör und Säfte im Shaker auf Eis mixen und in ein Longdrinkglas auf Eiswürfel abseihen. Limone und Erdbeere auf den Glasrand stecken.

Caribbean Cherry

- *2 cl Edelkirsch Cream*
- *2 cl Weinbrand*
- *6 cl Sauerkirsch-Nektar*
- *6 cl Ananassaft*
- *Sternfruchtscheibe*
- *Erdbeere*

Likör, Weinbrand und Säfte im Shaker mixen und in ein Longdrinkglas geben. Mit Sternfrucht und Erdbeere dekorieren.

Top Ten

- 3 cl Weinbrand
- 4 cl Pfirsich-Nektar
- 6 cl Sauerkirsch-Nektar
- 4 cl Grapefruitsaft
- Sternfruchtscheibe
- 1 Physalis

Weinbrand und Säfte im Shaker schütteln und auf Eiswürfeln in ein Longdrinkglas geben. Mit Sternfruchtscheibe und einer Physalis dekorieren.

Brandy Crusta

- 5 cl Brandy
- 1 cl Zitronensaft
- 1 TL Zuckersirup
- 3 cl Angostura
- 1 TL Maraschino
- Zitronenspirale

Für den Zuckerrand:
- Zitrone und Zucker

Den Rand eines Weißweinglases in Zitronensaft und dann in Zucker tauchen. Zutaten im Shaker auf Eis schütteln und in das Glas abseihen. Mit einer Zitronenspirale dekorieren.

French Cocktail

- 4 cl Cognac
- 2 cl Grand Marnier
- 3 Spritzer Grenadine
- 4 cl Sodawasser

Cognac, Grand Marnier und Grenadine im Shaker auf Eis gut schütteln und in ein Cocktailglas abseihen. Mit Sodawasser abspritzen.

Cognac Collins

- *4-6 cl Cognac*
- *2 TL Zuckersirup*
- *Saft von 1/2 Zitrone*
- *4 cl Sodawasser*
- *Zitronenscheibe*
- *Kirsche*

Sirup, Saft und Cognac mit fein zerstoßenem Eis im Longdrinkglas verrühren und mit kaltem Sodawasser abspritzen. Mit Zitronenscheibe, Kirsche und Strohhalm servieren.

Cognac Cocktail

- *3 cl Cognac*
- *1 cl Gin*
- *1 cl Orangensaft*
- *2 Spritzer Curaçao*
- *Zitronensaft*

Cognac, Gin, Orangensaft und Curaçao im Shaker auf Eis schütteln und in ein Cocktailglas abseihen. Mit etwas Zitronensaft beträufeln.

Jardin d'Or

- *6 cl Weinbrand*
- *2 cl Zitruslikör*
- *1 cl Zitronensaft*
- *6 cl Aprikosen-Nektar*
- *Sekt*

Zwei Eiswürfel in ein Longdrinkglas geben, Weinbrand, Likör und Zitronensaft dazugießen. Aprikosen-Nektar hinzugeben und mit Sekt auffüllen.

Bermuda Highball

- *3 cl Cognac*
- *2 cl Gin*
- *1 Spritzer Orangenbitter*
- *Ginger Ale*
- *Orangenscheibe*

Cognac, Gin und Orangenbitter im Mixglas verrühren, in Longdrinkglas abseihen und mit Ginger Ale auffüllen. Mit Orangenscheibe servieren.

Stinger

- *4 cl Brandy*
- *2 cl Crème de Menthe weiß*

Brandy und Pfefferminzlikör im Mixglas mit Eis verrühren und in ein Cocktailglas oder einen Cognacschwenker abseihen. Sie können den Stinger auch auf Eiswürfeln im Tumbler servieren.

Brandy Flip

- *5 cl Cognac oder Brandy*
- *1 cl Zuckersirup*
- *2 cl Sahne*
- *1 Eigelb oder 4cl Eierlikör*

Die Zutaten mit großen Eiswürfeln im Shaker kurz und kräftig schütteln. Durch das

Barsieb in ein mittelgroßes Stielglas abgießen. Etwas Muskatnuss darüber reiben.

Private Lover

- 3 cl Weinbrand
- 2 cl Pfirsich-Nektar
- 2 cl Grapefruitsaft
- Sternfruchtscheibe
- Erdbeere

Weinbrand und Säfte im Shaker mixen und in eine Cocktailschale geben. Mit Sternfrucht und Erdbeere dekorieren.

Tiger-Lilly

- 2 cl Weinbrand
- 2 EL Zitronensaft
- 2 EL Ahornsirup
- 1/4 l weißer Traubensaft
- Weintrauben

Weinbrand, Zitronensaft und Ahornsirup in einem Longdrinkglas verrühren. Mit gut gekühltem Traubensaft auffüllen und mit Weintrauben dekorieren.

Happy France

- **2 cl Cognac**
- **2 cl Curaçao**
- **1 cl Zitronensaft**
- **½ Eiweiß**

Zutaten auf Eis im Shaker schütteln und in ein Cocktailglas abseihen.

Cognac Orange

- **4 cl Cognac**
- **2 cl Orangenlikör**
- **1 cl frisch gepresster Zitronensaft**
- **Cocktailkirsche**

Cognac, Likör und Saft im Shaker auf Eis gut schütteln und in ein gekühltes Cocktail- oder Sektglas abseihen. Kirsche hineingeben.

vorsichtig umrühren, bis die Minzeblätter auf dem Eis liegen. Mit Orangen- und Zitronenscheibe dekorieren.

American Beauty

- *2 cl Brandy*
- *2 cl Vermouth Rosso*
- *2 cl Orangensaft*
- *3 cl Crème de Menthe weiß*
- *2 cl Portwein*

Brandy, Vermouth, Orangensaft und Crème de Menthe auf Eis im Shaker mixen, in ein Longdrinkglas auf Eiswürfeln abseihen und Portwein darüber gießen.

Pick me up

- *1 Spritzer Angostura*
- *2 cl Zitronensaft*
- *1 cl Grenadine*
- *4 cl Cognac*
- *Champagner oder Sekt*

Die Zutaten ohne Champagner/Sekt mit Eiswürfeln im Shaker kräftig schütteln und durch das Barsieb in ein großes Champagnerglas abgießen. Mit kaltem Champagner/Sekt auffüllen.

Printemps

- *6 cl Cognac*
- *1 TL Puderzucker*
- *4-5 frische Minzeblätter*
- *1 Orangenscheibe*
- *1 Zitronenscheibe*

Cognac, Puderzucker und Minzeblätter in ein Longdrinkglas geben, mit gestoßenem Eis auffüllen und

Le doux Jardin

- 5 cl Weinbrand
- roter Traubensaft
- Bitter Lemon
- einige Trauben
- Limonen- oder Zitronenscheibe

Weinbrand auf zwei Eiswürfel in einen Tumbler oder in ein Longdrinkglas gießen und durchschwenken. Zu zwei Dritteln mit Traubensaft und zu einem Drittel mit Bitter Lemon auffüllen. Abwechselnd weiße und rote Trauben auf einen Cocktailspieß stecken. Mit dem Spieß und Zitronenscheibe dekorieren.

B and B

- *2 cl Brandy*
- *2 cl Bénédictine*

Brandy und Likör im Mixglas auf Eis verrühren und in ein Likörglas oder einen Cognacschwenker abseihen. Oder auf Eis im Tumbler servieren.

B and P

- *3 cl Weinbrand*
- *3 cl Portwein*
- *Minzblätter*

Weinbrand und Portwein in ein Südwein-Glas oder einen Cognacschwenker geben. Sie können den B and P auch auf Eis im Tumbler servieren. Mit Minzblättern dekorieren.

Brandy Alexander

- *3 cl Brandy*
- *3 cl Crème de Cacao braun*
- *3 cl süße Sahne*
- *Muskat*

Brandy, Crème de Cacao und Sahne auf Eis im Shaker mixen, in ein Cocktailglas abseihen und mit Muskat bestreuen.

Morning Glory

- *2 cl Weinbrand*
- *2 cl Whisky*
- *1 Spritzer Pernod*
- *2 Spritzer Curaçao*
- *2 TL Zuckersirup*
- *Sodawasser*
- *Zitronenspirale*

Zutaten im Mixglas auf Eis verrühren, in ein großes Cocktail-oder Ballonglas abseihen und mit Sodawasser auffüllen. Mit einer schönen Zitronenspirale garnieren.

Brandy Daisy

- *2 cl Brandy*
- *2 TL Pernod*
- *Saft von 1/2 Zitrone*
- *Sodawasser*
- *Maraschino-Kirschen*

Brandy, Pernod und Zitronensaft im Shaker auf Eis kräftig schütteln und in eine Sektschale abseihen. Mit Sodawasser abspritzen und mit Kirschen dekorieren.

Chérie

Chérie

- 2 cl Weinbrand
- 2 cl Erdbeersirup
- 3 cl Ananassaft
- Sternfruchtscheibe
- Erdbeere

Weinbrand, Sirup und Saft im Shaker mixen und in Cocktailschale geben. Mit Sternfrucht und Erdbeere dekorieren.

Cherry Blossom

- 2 cl Brandy
- 2 cl Cherry Brandy
- 1 cl Cointreau
- 1 cl Zitronensaft
- 1 cl Grenadine

Alle Zutaten im Shaker auf Eis mixen und in eine Cocktailschale abseihen.

Blue Dream

Cocteau Cocktail

- *2 cl Cherry Brandy*
- *2 cl Weinbrand*
- *2 cl Orangensaft*
- *Kirsche*

Likör, Weinbrand und Saft im Cocktailglas auf Eis servieren. Mit Kirsche garnieren.

Blue Dream

- *2 cl Weinbrand*
- *3 cl Cream-Likör*
- *2 cl Curaçao blue*
- *Sternfruchtscheibe*
- *Cocktailkirsche*

Weinbrand, Likör und Curaçao im Shaker mixen und in Cocktailschale servieren. Mit Sternfrucht und Kirsche dekorieren.

Singapore Sling

- *6 cl Gin*
- *2 cl Cherry Brandy*
- *1 TL Zuckersirup*
- *1 Spritzer Grenadine*
- *Saft von 1/2 Zitrone*
- *Sodawasser*
- *1/2 Zitronenscheibe*
- *Cocktailkirschen*

Zutaten in einem Rührglas mixen, durch einen Strainer in einen Tumbler geben, mit Sodawasser auffüllen. Zitronenscheibe und Cocktailkirschen hinzufügen.

Tom Collins

- *4 cl Gin*
- *1 TL Zuckersirup*
- *etwas Zitronensaft*
- *Sodawasser*
- *Zitronenscheibe*

Gin, Zuckersirup und Zitronensaft in ein Longdrinkglas auf Eiswürfel geben, umrühren und mit kaltem Sodawasser auffüllen. Halbe Zitronenscheibe in das Glas geben oder auf den Rand stecken.

Singapore Sling; Tom Collins

Casino

- *4 cl Dry Gin*
- *2 cl Cointreau*
- *1 cl Zitronensaft*
- *1 Spritzer Angostura Bitter*
- *Cocktailkirsche*

Zutaten im Shaker auf Eis gut schütteln und durch einen Strainer in ein Cocktailglas abseihen. Kirsche hineingeben.

Casino; Gin Manhattan; Fifty-Fifty

Gin Manhattan

- *4 cl Dry Gin*
- *2 cl Vermouth Rosso*
- *1 Spritzer Angostura*
- *Cocktailkirsche*

Gin, Vermouth und Angostura im Mixglas auf Eis verrühren, in ein Cocktailglas gießen und Kirsche hineingeben.

Fifty-Fifty

- *3 cl Dry Gin*
- *3 cl Vermouth Dry*

Gin und Vermouth im Mixglas auf Eiswurfeln gut verrühren und durch einen Strainer in ein Cocktailglas geben.

Peach Paloma

- *4 cl Pfirsichlikör*
- *2 cl Gin*
- *Tonic Water*
- *1 kleiner Zweig Minze*

Pfirsichlikör und Gin in einem Becherglas verrühren. Mit eiskaltem Tonic Water auffüllen und einem kleinen Minzezweig dekorieren.

Pink Gin

- *5 cl Gin*
- *Angostura*

Gekühltes Cocktailglas mit wenig Angostura ausschwenken und den eisgekühlten Gin hineingeben.

Claridge

- *2 cl Vermouth Dry*
- *2 cl Gin*
- *1 cl Apricot Brandy*
- *1 Spritzer Orange Bitter*

Zutaten in einem Mixglas mit Eis verrühren und in ein gekühltes Cocktailglas füllen.

Gibson

- *5 cl Gin*
- *1 cl Vermouth Dry*
- *Cocktailzwiebeln*

Gin und Vermouth in ein Rührglas auf viel Eiswürfel geben, gut verrühren und durch das Barsieb in ein vorgekühltes Cocktailglas abgießen. Einige Cocktailzwiebeln in den Drink geben.

Negroni

- **2 cl Gin**
- **2 cl Vermouth Rosso**
- **2 cl Campari Bitter**
- **Sodawasser**

Campari, Vermouth und den Gin mit Eiswürfeln in ein Longdrinkglas geben. Gut verrühren, mit einer Orangenschale abspritzen und diese dazugeben. Sodawasser dazu separat servieren.

Alaska

- **4 cl Gin**
- **2 cl Chartreuse gelb**

Die Zutaten in ein Rührglas auf viel Eiswürfel geben, gut verrühren und durch das Barsieb in ein vorgekühltes Cocktailglas abgießen.

Paradise

- **4 cl Gin**
- **2 cl Apricot Brandy**
- **1 cl Orangensaft**

Alle Zutaten im Shaker mit Eiswürfeln kräftig schütteln und durch das Barsieb in eine Cocktailschale seihen.

Delicious Sour

- **3 cl Cherry Brandy**
- **2 cl Gin**
- **2 cl Zitronensaft**

Alle Zutaten im Shaker mit Eis gut durchschütteln und in einem kleinen Tumbler servieren.

Angel Face

- $1/3$ Gin
- $1/3$ Apricot Brandy
- $1/3$ Calvados

Zutaten im Shaker mit drei bis vier Eiswürfeln schütteln und in ein Cocktailglas abseihen.

Tropical Red

- 3 cl Orangenlikör
- 2 cl Gin
- 4 cl Grapefruitsaft
- 6 cl Orangensaft

Alle Zutaten im Shaker schütteln und auf Eis im Longdrinkglas servieren.

Gin Fizz

- 5 cl Dry Gin
- 3 cl Zitronensaft
- 1 cl Zuckersirup
- Sodawasser

Gin, Saft und Sirup in den zur Hälfte mit klein gehacktem Eis gefüllten Shaker geben, kräftig schütteln, in ein Longdrinkglas abseihen und mit Sodawasser auffüllen.

Flamingo

- 4 cl Gin
- 2 cl Apricot Brandy
- 2 cl Zitronensaft
- 1 Barlöffel Grenadine

Die Zutaten im Shaker mit Eiswürfeln kräftig schütteln und in eine vorgekühlte Cocktailschale abgießen.

Frozen Caruso Cocktail

- 2 cl Crème de Menthe
- 2 cl Gin

Mit gestoßenem Eis im Cocktailglas servieren.

Golden Fizz

- 4 cl Gin
- 3 cl Zitronensaft
- 2 cl Zuckersirup
- 1 Eigelb oder 4 cl Eierlikör
- ca. 6 cl Sodawasser

Den Shaker zur Hälfte mit Eiswürfeln füllen. Die Zutaten ohne Sodawasser dazugeben, lange und kräftig schütteln und (mit den Eiswürfeln) in ein kleines Longdrinkglas abgießen. Zum Schluss mit Sodawasser auffüllen.

White Lady

- ***3 cl Gin***
- ***3 cl Cointreau***
- ***3 cl Zitronensaft***
- ***1 TL Eiweiß***

Shaker zur Hälfte mit zerkleinerten Eisstücken füllen, mit den Zutaten gut durchschütteln und durch einen Strainer in ein Cocktailglas gießen.

Green Morning

- ***4 cl Dry Gin***
- ***2 cl Curaçao blue***
- ***2 cl Grapefruitsaft***
- ***2 cl Orangensaft***
- ***2 cl Ananassaft***

Zutaten im Shaker schütteln und in ein Longdrinkglas abseihen. Mit Ananas und Cocktailkirsche garnieren.

White Lady; Green Morning

Pink Baby

- ***2 cl Dry Gin***
- ***1 TL Eiweiß***
- ***1 TL Zitronensaft***
- ***1 TL Grenadine***

Zutaten im Shaker gut schütteln und in ein Ballonglas abseihen.

Joker III

- ***6 cl Dry Gin***
- ***2 cl Zitronensaft***
- ***1 cl Apricot Brandy***

Alle Zutaten auf Eis im Shaker mixen, in ein Longdrinkglas geben und mit einer Cocktailkirsche servieren.

Long Island Ice Tea

- *2 cl Gin*
- *2 cl Wodka*
- *2 cl weißer Rum*
- *2 cl weißer Tequila*
- *1 cl Zitronensaft*
- *etwas Cola*

Sämtliche Spirituosen und den Zitronensaft mit einigen Eiswürfeln in ein Longdrinkglas geben und gut umrühren. Cola nach Geschmack dazugießen und nochmals leicht umrühren. Zwei halbe Zitronenscheiben dazugeben.

Blue Lady

- *4 cl Gin*
- *2 cl Curaçao blau*
- *2 cl Zitronensaft*

Alle Zutaten mit Eiswürfeln im Shaker kräftig schütteln und durch das Barsieb in eine Cocktailschale abgießen.

Blue Moon

(I.-C.-C.-Sieger, 1982, Johnny Johnston, Irland)

- *4 cl Gin*
- *2 cl Curaçao blau*
- *2 cl Cointreau*
- *2 cl Ananassaft*
- *Bitter Lemon*

Alle Zutaten außer Bitter Lemon im Shaker mixen und in das zu zwei Dritteln mit Eiswürfeln gefüllte Highballglas seihen. Zum Schluß mit Bitter Lemon auffüllen.

Pink Lady

- *4 cl Gin*
- *2 cl Calvados*
- *1 cl Grenadine*
- *1 Eiweiß*
- *1 cl Zitronensaft*

Alle Zutaten über Eis in den Shaker geben, gut schütteln und in eine Cocktailschale oder ein Stielglas abseihen.

Bronx

- *4 cl Gin*
- *2 cl Vermouth Bianco*
- *2 cl Vermouth Rosso*
- *2 cl Orangensaft*
- *Orangenscheibe*

Zutaten auf Eis im Shaker mixen, in gekühltes Cocktailglas abseihen und mit Orangenscheibe dekorieren.

Gin Tonic

- *4 cl Gin*
- *Tonic Water*
- *Zitronenscheibe*

Eisstücke in ein Longdrinkglas geben, Gin hinzufügen, mit Tonic Water auffüllen und Zitronenscheibe auf den Glasrand stecken.

Banana Boat

- *3 cl Crème de Bananes*
- *2 cl Gin*
- *1 Spritzer Grenadine*

Zutaten über Eiswürfel in ein Longdrinkglas geben und mit Orangensaft auffüllen.

Gimlet

- *4 cl Dry Gin*
- *2 cl Lime Juice*
- *1 TL Zuckersirup*

Zutaten in ein bis zur Hälfte mit Eisstücken gefülltes Rührglas geben, gut umrühren und durch einen Strainer in einen Tumbler geben. Je nach Geschmack mit Sodawasser auffüllen.

Martini Dry

- *5 cl Gin*
- *1 cl Vermouth Dry*
- *1 Olive*

Eisstücke in ein Mixglas geben, Gin und Vermouth hinzufügen, umrühren und in ein Cocktailglas abseihen. Eine Olive mit Kern hinzugeben.

Gimlet; Martini Dry

Martini Sweet

- **5 cl Gin**
- **2,5 cl Vermouth Rosso**
- **1 Cocktailkirsche**

Gin und Vermouth im Mixglas mit Eisstücken verrühren, in ein Cocktailglas gießen und die Kirsche hineingeben.

Gin Alexander (Alexandra)

- **4 cl Gin**
- **2 cl Crème de Cacao braun**
- **4 cl Sahne**

Alle Zutaten mit Eiswürfeln im Shaker kräftig schütteln und durch das Barsieb in eine Cocktailschale seihen. Mit etwas geriebener Muskatnuss bestreuen.

Martini Medium

- **4 cl Gin**
- **1 cl Vermouth Rosso**
- **1 cl Vermouth Dry**
- **Zitronenschale**

Zutaten im Mixglas mit Eis verrühren, in Cocktailschale gießen und Zitronenschale darüber ausdrücken.

Yellow Star

- **2 cl Pernod**
- **2 cl Crème de Bananes**
- **2 cl Gin**
- **1 cl Maracujasirup**
- **8 cl Orangensaft**
- **Bananenstückchen**
- **Cocktailkirschen**

Die Zutaten mit Eiswürfeln im Shaker gut schütteln und in ein Longdrinkglas abseihen. Einen Fruchtspieß aus Bananenstückchen und Cocktailkirschen über den Glasrand legen.

Normandy Golden Dawn

- **3 cl Calvados**
- **3 cl Gin**
- **1 cl Grenadine**
- **3 cl Aprikosensaft**
- **3 cl Orangensaft**
- **Orangenscheibe**

Alle Zutaten im Shaker schütteln und in einem Tumbler auf drei bis vier Eiswürfel abseihen. Mit einer Orangenscheibe garnieren.

Rickey

- ***3 cl Dry Gin***
- ***1 cl Zitronensaft***
- ***1 TL Zuckersirup***
- ***Sodawasser***
- ***Limonenscheibe***

Gin, Saft und Sirup in ein Cocktailglas auf Eisstücke geben und mit Sodawasser auffüllen. Limonenscheibe auf den Glasrand stecken.

Gin Salty Dog

- ***3 cl Dry Gin***
- ***6 cl Grapefruitsaft***
- ***1 Prise Salz***

Den Gin über drei bis vier Eisstücke in ein Cocktailglas gießen. Den Grapefruitsaft und eine Prise Salz hinzufügen.

Gin Old Fashioned

- ***4 cl Dry Gin***
- ***1 Spritzer Angostura Bitter***
- ***1 TL Zucker***
- ***Sodawasser***
- ***Orangenscheibe***
- ***Zitronenscheibe***
- ***3 Cocktailkirschen***

Zucker in einem Tumbler auflösen, Eisstücke, Gin und Angostura hinzufügen und mit Sodawasser auffüllen. Mit einer halben Orangen- und Zitronenscheibe und Cocktailkirschen servieren.

Gin Daiquiri

- ***4 cl Dry Gin***
- ***1 cl Zitronensaft***
- ***1 cl Maraschino***

Gin, Saft und Likör im Shaker auf Eiswürfeln gut mixen und durch einen Strainer in ein Cocktailglas abseihen.

Orange Blossom Special

- ***3 cl Dry Gin***
- ***3 cl Orangensaft***

Shaker zur Hälfte mit Eisstücken füllen, Gin und Orangensaft hinzufügen und gut schütteln. Durch einen Strainer ins Cocktailglas gießen.

New Orleans

- *4 cl Gin*
- *1 TL Eiweiß*
- *2 TL Zuckersirup*
- *3 TL frische Sahne*

Alle Zutaten über Eis im Shaker mixen und durch einen Strainer in ein Cocktailglas gießen.

Grand Royal

- *4 cl Dry Gin*
- *1,5 cl Grenadine*
- *1 cl Zitronensaft*
- *1 Ei*

Alle Zutaten im Shaker auf Eiswürfeln gut schütteln und in eine Sektschale oder in ein Weißweinglas abseihen.

Orange Daiquiri

- ***4 cl weißer oder brauner Rum***
- ***Saft von $^{1}/_{2}$ Orange***
- ***1 TL Zuckersirup***

Rum, Saft und Sirup im Shaker mit gestoßenem Eis gut schütteln und in ein Cocktailglas abseihen. Mit Zitronenscheibe dekorieren.

Caipirissima

- ***4 cl weißer Rum***
- ***1-2 Limetten (je nach Saftgehalt und Größe)***
- ***3 Barlöffel brauner Zucker***

Die Limetten vierteilen, den Saft in einen großen Tumbler ausdrücken und die Limettenstücke mit ins Glas geben. Mit einem Holzstößel die Limettenstücke im Glas nochmals ausdrücken. Den weißen Rum und den braunen Zucker dazugeben und mit einem Barlöffel gut umrühren. Das Glas mit grob zerschlagenen Eiswürfeln füllen und nochmals umrühren.

Between the Sheets

- ***2 cl weißer Rum***
- ***2 cl Cognac***
- ***2 cl Cointreau***
- ***1 cl Zitronensaft***

Alle Zutaten im Shaker mit Eiswürfeln kräftig schütteln und durch das Barsieb in ein Cocktailglas abgießen.

Kiwi Colada

Für 4 Gläser

- ***4-5 Kiwis***
- ***1 Zitrone***
- ***2 TL Puderzucker***
- ***$^{1}/_{8}$ l Kokosmilch***
- ***$^{1}/_{8}$ l weißer Rum***
- ***4 Kiwischeiben***

Kiwis und die Zitrone schälen, in Würfel schneiden und pürieren. Mit dem Puderzucker, der Kokosmilch und dem Rum vermischen und in vier Cocktailgläser auf zerstoßenes Eis gießen. Mit Kiwischeiben garnieren und sofort servieren.

Kiwi Colada

Jamaica Inn

- *2 cl Grenadine*
- *2 TL Zucker*
- *5 cl brauner Rum*
- *2 cl Zitronensaft*
- *Ananas- und Aprikosen-Nektar*
- *Ananaswürfel*
- *Aprikosenspalten*

Rand eines Longdrink- oder großen Burgunder-Weinglases in Grenadine und dann in Zucker tauchen. Rum und Zitronensaft ins Glas gießen, zwei Eiswürfel hinzufügen und umrühren. Je zur Hälfte mit Ananas- und Aprikosen-Nektar auffüllen. Aufgespießte Ananaswürfel und Aprikosenspalten über den Glasrand legen.

Golden Rum Shake

Für 2 Gläser

- *6 cl brauner Rum*
- *2 cl Grenadine*
- *Grapefruitsaft*
- *Cocktailkirschen*
- *Grapefruitscheiben*

Rum und Sirup im Shaker über Eis mixen und Drink in zwei Longdrinkgläser verteilen. Mit gut gekühltem Grapefruitsaft auffüllen. Zur Dekoration Grapefruitscheibe und Kirsche auf Spieß über den Glasrand legen.

Banana Frozen Daiquiri

- **4 cl weißer Rum**
- **1/2 mittelgroße Banane**
- **2-3 cl Zitronensaft**
- **1-2 cl Zuckersirup**

Die Zutaten im Elektromixer gut durchmixen, dann soviel zerstoßenes Eis dazugeben, dass man einen sämigen Drink erhält. Danach den gesamten Inhalt in eine Cocktailschale abgießen. Zum Schluss einen Spieß mit einer Bananenscheibe und einer Cocktailkirsche über den Glasrand legen.

Black Daiquiri

- **4 cl brauner Rum**
- **2 cl Zitronensaft**
- **1-2 TL Zuckersirup**
- **1 Spritzer Maraschinolikör**
- **frische Minze**

Zutaten über Eis im Shaker mixen und in ein Cocktailglas abseihen. Mit Minze garnieren.

Black Daiquiri

Black Daisy

- **5 cl brauner Rum**
- **3 cl Himbeersirup**
- **Saft von 1/2 Zitrone**
- **Sodawasser**
- **Himbeeren**

Rum, Sirup und Zitronensaft mit Eiswürfeln im Shaker mixen, über zerstoßenes Eis in ein Longdrinkglas abseihen. Mit Sodawasser auffüllen, umrühren und einige Himbeeren hineingeben.

Barracuda

Barracuda

- 4 cl weißer oder brauner Rum
- 2 cl Vanillelikör
- 6 cl Ananassaft
- 3 cl Zitronen- oder Limonensaft
- Ananasscheibe
- Kirsche

Die Zutaten auf Eiswürfel in ein kurzes Stielglas geben und umrühren. Mit Ananas, Kirsche und Trinkhalm servieren.

Yellow Bird (1983)

- 4 cl brauner Rum
- 2 cl Crème de Banane
- 2 cl Liquore Galliano
- 4-6 cl Orangensaft
- 4-6 cl Ananassaft

Alle Zutaten mit Eiswürfeln im Shaker kräftig schütteln und durch das Barsieb in ein Longdrinkglas auf einige Eiswürfel abgießen. Mit einem Ananasstück und einer Cocktailkirsche garnieren.

Rum Julep

- *4 cl brauner Rum*
- *1 TL feiner Zucker*
- *Sodawasser*
- *frische Minze*

Im Tumbler einige Minzblätter und den Zucker mit einem Barlöffel zerreiben, Rum und einen Schuss Sodawasser zugeben, mit gestoßenem Eis auffüllen und so lange kräftig verrühren, bis das Glas beschlagen ist. Mit frischer Minze und Trinkhalm servieren.

Hurricane

- *3 cl weißer Rum*
- *3 cl bauner Rum*
- *2 cl Limettensaft*
- *2 cl Orangensaft*
- *2 cl Ananassaft*
- *2 cl Marakujasirup oder -likör*

Alle Zutaten mit zerstoßenem Eis im Shaker oder mit dem Stabmixer vermischen und alles (auch das Eis) in das Gästeglas geben. Orangen- und Limettenscheiben sowie Cocktailkirschen an den Glasrand stecken.

Mojito

- *4-6 cl weißer Rum*
- *Saft von 1/2 Zitrone*
- *1-2 Spritzer Angostura Bitter*
- *1-2 TL Zuckersirup*
- *Sodawasser*
- *frische Minze*

Rum, Saft, Sirup und Angostura in ein Longdrinkglas geben. Mit gestoßenem Eis auffüllen, umrühren und mit Sodawasser abspritzen. Mit Minze dekorieren.

Grasshopper

- ***3 cl weißer Rum***
- ***3 cl Crème de Menthe grün***
- ***3 cl Sahne***

Zutaten im Shaker auf Eis mixen und in Cocktailschale abseihen.

Cuba Libre

- ***4 cl weißer Rum***
- ***Cola***
- ***Zitronenscheibe***

Den Rum auf Eiswürfel in ein Longdrinkglas geben, mit Cola auffüllen und Zitronenscheibe hineingeben.

Rum Crusta

- *4 cl weißer Rum*
- *1 TL Curaçao Triple Sec*
- *1 cl Zitronensaft*
- *1 cl Ananassaft*
- *Zitronenspirale*

Für den Zuckerrand:

- *Zitronensaft und Zucker*

Den Rand eines Cocktailglases in Zitronensaft und dann in Zucker tauchen. Zutaten im Shaker mit gestoßenem Eis kurz und kräftig schütteln, in das vorbereitete Cocktailglas abseihen und Zitronenspirale hineinhängen.

Rum Collins

- ***4 cl weißer Rum***
- ***1 TL Zuckersirup***
- ***Saft von 1/2 Zitrone***
- ***Sodawasser***
- ***Cocktailkirsche***
- ***Zitronenscheibe***

Sirup, Saft und Rum auf Eiswürfel in einen Tumbler geben, mit Sodawasser auffüllen und umrühren. Dann Cocktailkirsche und Zitronenscheibe hineingeben.

Scorpion

- ***2 cl weißer Rum***
- ***2 cl bauner Rum***
- ***2 cl Weinbrand***
- ***2 cl Curaçao weiß***
- ***2 cl Zitronensaft***
- ***4 cl Orangensaft***

Alle Zutaten mit zerstoßenem Eis im Shaker oder mit dem Stabmixer vermischen und alles (auch das Eis) in das Gästeglas geben. Eine Limettenscheibe, 2 Pfefferminzblätter sowie Cocktailkirschen als Garnitur an den Glasrand stecken.

Planter's Punch

- ***4 cl Jamaica Rum***
- ***2 cl weißer Rum***
- ***2 cl Zitronensaft***
- ***4 cl Ananassaft***
- ***6 cl Orangensaft***
- ***1 cl Grenadine***
- ***Orangenscheibe***
- ***Zitronenmelisse***

Rum, Säfte und Grenadine auf Eiswürfel in ein Longdrinkglas gießen und gut umrühren. Mit Orangenscheibe und Zitronenmelisse garnieren.

Mai Tai

- *2 cl weißer Rum*
- *2 cl brauner Rum*
- *2 cl Jamaica Rum*
- *2 cl Limetten- oder Zitronensaft*
- *2 cl Mandelsirup*
- *1 Limettenviertel*
- *frische Minze*
- *Cocktailkirsche*

Rum, Saft und Sirup im Shaker auf Eis kräftig schütteln, in ein Longdrinkglas auf zerstoßenes Eis gießen und Limettenviertel hineingeben. Mit Minze und Kirsche garnieren.

Daiquiri

- *5 cl weißer Rum*
- *3 cl Zitronensaft*
- *2 cl Zuckersirup*
- *Zitronenscheibe*
- *Zitronenmelisse*

Rum, Zitronensaft und Sirup im Shaker mit viel Eis kräftig mixen und in ein Cocktailglas abseihen. Zitronenscheibe hineingeben und mit Zitronenmelisse garnieren.

Green Banana

- *3 cl Grüne Banane Likör*
- *2 cl weißer Rum*
- *8 cl Ananassaft*
- *2 cl Kokosnusslikör*

Zutaten im Shaker gut schütteln und auf Eis in ein Ballonglas abseihen.

Bacardi Cocktail

- ***4 cl weißer Rum***
- ***2 cl Limetten- oder Zitronensaft***
- ***1/2 TL Grenadine***
- ***1/2 TL Zuckersirup***

Zutaten im Shaker über drei bis vier Eiswürfel gut schütteln und in eine Cocktailschale abseihen.

Presidente

- ***2 cl weißer Rum***
- ***4 cl Vermouth Rosso***
- ***2 cl Curaçao Triple Sec***
- ***1/2 Orangenscheibe***

Alle Zutaten im Shaker auf Eis schütteln, in ein Cocktailglas abseihen und mit der halben Orangenscheibe dekorieren.

Dream for Two

Für 2 Gläser
- ***1 große Ananas***
- ***1/2 Dose Cola***
- ***2 TL Zitronensaft***
- ***8 cl brauner Rum***
- ***Minzezweige***

Von der Unterseite der Ananas einen schmalen Streifen abschneiden, damit sie sicher auf einem Teller steht. Oben so weit abschneiden, dass man die Frucht aushöhlen kann. Fruchtfleisch auspressen, den Saft in die Höhlung gießen und mit der Cola vorsichtig auffüllen. Zitronensaft und Rum dazugießen, umrühren und drei bis fünf Eiswürfel hineingeben. Minze über den Rand hängen und mit Trinkhalmen servieren.

Rum Tonic

- ***4 cl weißer, brauner oder Jamaica Rum***
- ***Tonic Water***
- ***1/2 Zitronenscheibe***

Rum mit Eiswürfeln ins Longdrinkglas gießen, eine halbe Zitronenscheibe hineingeben und mit Tonic Water auffüllen.

Rum Orange

- ***4 cl weißer, brauner oder Jamaica Rum***
- ***Orangensaft***
- ***Orangenscheibe***

Rum über Eiswürfel in ein Longdrinkglas gießen, mit Orangensaft auffüllen und Orangenscheibe hineingeben.

Banana Dream

- *4 cl weißer Rum*
- *6 cl Bananensaft*
- *6 cl Maracuja-Nektar*
- *3 cl flüssige Sahne*
- *Orangenschale*

Zutaten im Shaker auf Eis mixen, in ein Cocktail- oder Burgunderglas gießen und mit geraspelter Orangenschale bestreuen.

Konfetti

- *3 cl Drambuie*
- *3 cl weißer Rum*
- *3 cl Grapefruitsaft*
- *Zitronenlimonade*

Drambuie, Rum und Saft im Shaker auf Eiswürfeln schütteln und in ein Longdrinkglas abseihen. Mit Zitronenlimonade auffüllen.

Caribbean Nightmare

- *2 cl brauner Rum*
- *2 cl Kokosnusscreme*
- *Cola*

Rum und Kokosnusscreme im Shaker auf Eis schütteln und in ein Longdrinkglas abseihen. Mit Cola auffüllen.

Old San Juan Cocktail

- *4 cl brauner Rum*
- *1 cl Ananassaft*
- *1 cl Grenadine*
- *1 cl Limetten- oder Zitronensaft*

Zutaten auf Eis im Mixglas verrühren und in ein Cocktailglas abseihen.

Costa del Sol

- *4 cl weißer Rum*
- *2 cl Vermouth Rosso*
- *1 TL Zuckersirup*
- *Saft von 1/2 Zitrone*
- *Sodawasser*
- *Zitronenscheibe*

Rum, Vermouth, Sirup und Zitronensaft in ein Longdrinkglas auf vier bis fünf Eiswürfel geben und mit Sodawasser auffüllen. Mit Zitronenscheibe dekorieren.

Carmencita

- *3 cl brauner Rum*
- *2 TL Limettensaft*
- *4 cl Kirschlikör*
- *Ginger Ale*
- *frische Minze*

Rum, Saft und Likör mixen und auf eine Handvoll Eiswürfel in ein großes, bauchiges Glas gießen. Mit Ginger Ale auffüllen und mit Minze dekorieren.

Carmencita

Zombie

- ***4 cl weißer Rum***
- ***4 cl brauner Rum***
- ***1 cl Apricot Brandy***
- ***2 cl Ananassaft***
- ***2 cl Zitronen- oder Limettensaft***
- ***Cocktailkirsche***
- ***frische Minze***

Zutaten mit viel gestoßenem Eis im Shaker schütteln und in ein Longdrinkglas auf Eiswürfel abseihen. Mit Kirsche und Minze dekorieren.

Piña Colada

- ***4 cl weißer Rum***
- ***4 cl Ananassaft (ungesüßt)***
- ***4 cl Kokossirup***
- ***2 cl Sahne***
- ***Ananasscheibe***

Flüssige Zutaten im Shaker mit gestoßenem Eis gut schütteln und in ein Longdrinkglas auf Eiswürfel abseihen. Mit Ananasscheibe dekorieren.

Rum Gimlet

- *4 cl weißer oder brauner Rum*
- *2 cl Lime Juice*
- *Limonenscheibe*

Rum und Saft im Mixglas auf Eiswürfel verrühren und in Cocktailglas abseihen. Limonenscheibe hineingeben.

Pineapple Daiquiri

- *4 cl weißer oder brauner Rum*
- *1 Scheibe Ananas*
- *Saft von 1/2 Zitrone*
- *1 TL Zuckersirup*
- *Ananasscheibe*

Ananasscheibe, Rum, Zitronensaft und eine halbe Tasse gestoßenes Eis kurz in einen Elektromixer geben und den Drink im Cocktailglas servieren. Mit Ananasscheibe dekorieren.

Caribbean Night

- 3 cl brauner Rum
- 1 cl Zitronensaft
- 3 cl Orangensaft
- 4 cl Ananassaft
- 1 cl Zuckersirup
- Cocktailkirsche
- Orangenscheibe

Zutaten im Shaker auf Eis gut schütteln und in ein Longdrinkglas auf Eiswürfel abseihen. Mit Kirsche und Orangenscheibe dekorieren.

Wild Kiwi

- 4 cl Kiwilikör
- 1 cl weißer Rum
- Tonic Water
- Zitronenscheibe
- Orangenscheibe
- Limonenscheibe

Zutaten in ein Cocktail- oder Martiniglas auf Eiswürfel geben und mit Tonic Water auffüllen. Dazu Orangen- und Zitronenscheiben.

Southern Mama

- 5 cl weißer Rum
- 3 cl brauner Rum
- 3 cl Orangenlikör
- 4 cl Mango-Nektar
- 2 cl Maracuja-Nektar
- Saft einer Orange

Zutaten im Shaker auf Eis mixen und in hohes Longdrinkglas abseihen.

Rum Sour

- 4 cl brauner Rum
- 2 cl Zitronensaft
- 1 TL Zuckersirup
- 1 TL Orangensaft
- 1 Spritzer Angostura Bitter
- Orangenscheibe
- Cocktailkirsche

Zutaten im Shaker auf Eis gut schütteln und in einen Tumbler auf Eiswürfel abseihen. Mit je einer Cocktailkirsche und Orangenscheibe garnieren.

Rumba

- *4 cl brauner Rum*
- *2 cl Zitronensaft*
- *2 cl Maracujasirup*
- *Ananas-Nektar*
- *1 cl Curaçao blue*

Rum, Zitronensaft und Sirup auf zwei Eiswürfel in ein Longdrinkglas gießen, umrühren und mit Ananas-Nektar auffüllen. Anschließend Curaçao „hineinwölken“ lassen.

Affinity

- *4 cl Scotch Whisky*
- *1 cl Vermouth Rosso*
- *1 cl Vermouth Dry*
- *2 Spritzer Angostura*

Die Zutaten in ein Rührglas auf viel Eiswürfel geben, gut verrühren und durch das Barsieb in ein vorgekühltes Cocktailglas abgießen. Mit einer Zitronenschale abspritzen und diese dazugeben.

Godfather

- *4 cl Scotch Whisky*
- *2 cl Amaretto*

Alle Zutaten in einen Tumbler auf einige Eiswürfel geben und verrühren.

New Yorker

- *4 cl Bourbon Whiskey*
- *2 cl Zitronensaft*
- *1 cl Grenadine*

Alle Zutaten mit Eiswürfeln im Shaker gut mixen und das fertige Getränk in die vorgekühlte Cocktailschale seihen. Als Garnitur wählt man eine Cocktailkirsche auf einem Stick.

Bobby Burns

- *3 cl Scotch Whisky*
- *3 cl Vermouth Rosso*
- *3 Spritzer Bénédectine*

Die Zutaten in ein Rührglas auf viel Eiswürfel geben, gut verrühren und durch das Barsieb in ein vorgekühltes Cocktailglas abgießen. Mit einer Zitronenschale abspritzen und diese dazugeben.

Irish Crusta

- *5 cl Irish Whiskey*
- *1 cl Zitronensaft*
- *1/2 TL Zuckersirup*
- *2 Spritzer Angostura Bitter*
- *2 EL Zucker*
- *Zitronenscheibe*

Zitronenscheibe einschneiden und mit den Schnittflächen über den Rand eines Ballon- oder Cocktailglases ziehen. Den Glasrand in Zucker tauchen. Whiskey, Sirup, Saft und Angostura mit viel Eis im Shaker kräftig mixen, bis die Außenwände beschlagen sind. In das Glas abseihen und mit Trinkhalm servieren.

Irish Whiske

Mint Julep

- *5 cl Scotch Whisky*
- *1 TL Zucker*
- *1 TL Wasser*
- *frische Minzeblätter*

Minzeblätter mit Zucker und Wasser in einem kleinen Glas verrühren, bis der Zucker gelöst ist. Eissplitter hinzugeben, Whisky dazugießen und einige Minuten abgedeckt ins Eisfach stellen. Einen Tumbler oder ein Stielglas zur Hälfte mit zerstoßenem Eis füllen und den Drink darüber gießen. Mit Minzeblättern und Zitronenscheibe garnieren.

Manhattan Dry

- *3 cl Canadian Whisky*
- *2 cl Vermouth Dry*
- *1 Spritzer Angostura*
- *Olive*
- *Zitronenschale*

Zutaten in ein Rührglas mit viel Eis geben und kräftig verrühren. Ohne die Eiswürfel in ein vorgekühltes Martini- oder Cocktailglas gießen.

Scotch Fix

- ***2 cl Scotch Whisky***
- ***1 cl Zitronensaft***
- ***1-2 TL Puderzucker***
- ***1 TL Lime Juice***
- ***Zitronenscheibe***

Zitronensaft mit dem Zucker verrühren, bis sich der Zucker aufgelöst hat.Whisky und Lime Juice dazugeben und in einen bis zur Hälfte mit Eisstücken gefüllten Tumbler abseihen. Zitronenscheibe auf den Glasrand stecken.

Tipp: Statt des Zuckers können Sie auch Blütenhonig oder Fruchtsirup verwenden.

Old Fashioned Cocktail

- *4 cl Bourbon*
- *1 TL Zuckersirup*
- *4 Spritzer Angostura Bitter*
- *1 Spritzer Zitronensaft*
- *Orangenscheibe*
- *Cocktailkirsche*

Alle Zutaten auf Eis in einen Tumbler geben und umrühren. Mit zwei aufgespießten Kirschen und einer Orangenscheibe servieren.

Tipp: Je nach Geschmack kann man den „Old Fashioned" mit Soda oder Wasser auffüllen.

Whisky Sour

- *4 cl Whisky*
- *2 cl Zitronensaft*
- *1 cl Zuckersirup*
- *Zitronenscheibe*
- *Cocktailkirsche*

Whisky, Saft und Sirup im Shaker mit Eis schütteln, in einen Tumbler abseihen, mit Zitronenscheibe und Kirsche garnieren.

Whisper

- *2 cl Scotch Whisky*
- *2 cl Vermouth Dry*
- *2 cl Vermouth Bianco*
- *2 Kirschen*

Whisky und Vermouth auf Eiswürfel in ein Martiniglas gießen, umrühren und die Kirschen hineingeben.

Fanciulli

- *1 cl Fernet Branca*
- *1,5 cl Vermouth Rosso*
- *2,5 cl Bourbon*

Alle Zutaten in der angegebenen Reihenfolge auf Eis in den Shaker geben und kräftig schütteln. In ein Cocktailglas abseihen.

Horse's Neck

- *6 cl Bourbon, Canadian oder American Blended Whiskey*
- *2 Spritzer Angostura*
- *0,2 l Ginger Ale*
- *Zitronenschalenspirale*

Die Zitronenspirale in ein bauchiges Glas geben und ein Ende über den Glasrand hängen lassen. Eiswürfel, Angostura und den Whiskey dazugeben. Anschließend mit Ginger Ale auffüllen.

Frisco Sour

- *4 cl Bourbon, Canadian oder American Blended Whiskey*
- *2 cl Bénédectine D.O.M.*
- *3 cl Zitronensaft*
- *1 cl Zuckersirup*

Die Zutaten im Shaker mit Eiswürfeln kräftig schütteln und durch das Barsieb in ein mittelgroßes Stielglas abgießen. Eine halbe Orangenscheibe und eine Cocktailkirsche auf einem Spieß über den Glasrand legen.

Rob Roy

- 2 cl Bourbon
- 2 cl Vermouth Dry
- 1 TL Curaçao
- 3 Spritzer Angostura Bitter
- Kirschenpaar
- Zitronenmelisse

Alle Zutaten im Mixglas kräftig rühren, in ein vorgekühltes Cocktailglas abseihen und mit Kirschen und Melisse garnieren.

Highball

- *6 cl Bourbon*
- *Ginger Ale*
- *Zitronenschale*

Eiswürfel und Bourbon in ein Longdringlas geben. Mit Ginger Ale auffüllen und eine dünne Zitronenschale in das Glas hängen.

Tornado

- *1,5 cl Bourbon*
- *1,5 cl Pfefferminzlikör*
- *1,5 cl Gin*
- *Kirsche*

Alle Zutaten in einem Mixglas etwa 20 Sekunden rühren, in ein Cocktailglas abseihen und mit Kirsche garnieren.

Highball; Tornado

Joan Miró

- *2 cl Scotch Whisky*
- *2 cl Dubonnet Rouge*
- *2 cl Grand Marnier*

Die Zutaten in ein Rührglas auf viel Eiswürfel geben, gut verrühren und durch das Barsieb in ein vorgekühltes Cocktailglas abgießen. Zum Schluss eine Cocktailkirsche dazugeben.

Why-Kiki

- *2 cl Whisky*
- *2 cl Cherry Brandy*
- *2 cl Vermouth Rosso*
- *2 cl Orangensaft*

Alle Zutaten im Shaker auf Eis gut schütteln und in einen Tumbler auf Eiswürfel abseihen.

Royal Scot

- *1 cl Drambuie*
- *2 cl Scotch Whisky*
- *1 cl Chartreuse (grün)*
- *Cocktailkirsche*

Zutaten auf Eis in den Shaker geben, kräftig schütteln und in ein Cocktailglas abseihen. Mit Kirsche dekorieren.

hinzufügen, kurz durchrühren und mit Tonic Water auffüllen. Mit Mangospalte, Kiwi und Stachelbeere auf Spieß dekorieren.

Captain's Dream

- *5 cl Whisky*
- *2 cl Mangosirup*
- *1 TL Limettensaft*
- *5 Tropfen Angostura Bitter*
- *Tonic Water*
- *Mangospalte*
- *Kiwischeibe*
- *Stachelbeere*

Zwei Eiswürfel in ein Longdrinkglas geben, Whisky, Sirup, Saft und Angostura

Ward Eight

- *5 cl Canadian Whisky*
- *2 cl Zitronensaft*
- *2 cl Orangensaft*
- *1 cl Grenadine*

Die Zutaten im Shaker mit Eiswürfeln kräftig schütteln und durch das Barsieb in ein mittelgroßes Stielglas abgießen. Anschließend eine Zitronenscheibe an den Glasrand stecken.

Derby Fizz

- *2-3 cl Scotch Whisky*
- *3 Spritzer Curaçao*
- *2 TL Zucker*
- *1 Ei*
- *Sodawasser*

Die Zutaten (ohne Sodawasser) im Shaker kräftig schütteln, in ein Cocktailglas gießen und mit Sodawasser auffüllen.

Double Apple

- 2 cl Scotch Whisky
- 2 cl Calvados
- 4 Spritzer Zitronensaft
- 2 TL Zucker
- Prise Zimt

Zutaten im Mixglas auf zerstoßenem Eis verrühren und in ein Longdrinkglas abseihen.

Tonic Ohio

- 1,5 cl Scotch Whisky
- 1 cl Zitruslikör
- Orangen- und Ananasstücke
- Tonic Water

Whisky und Zitruslikör auf Eis gut vermischen und in einen Tumbler abseihen. Fruchtstücke zugeben und mit Tonic Water auffüllen.

Rusty Nail

- ***3 cl Scotch Whisky***
- ***3 cl Drambuie***
- ***Zitronenschale***

Whisky und Drambuie mit viel Eis im Tumbler verrühren. Zitronenschale hineingeben.

Tipp: Sie können das Mischungsverhältnis ganz nach Ihrem Geschmack variieren. Nehmen Sie mehr Whisky als Drambuie, wenn der Drink trockener sein soll.

Irish Whiskey Fizz

- ***6 cl Irish Whiskey***
- ***3 cl Zitronensaft***
- ***2 cl Zuckersirup***
- ***1 TL Eiweiß***
- ***Cocktailkirsche***
- ***Zitronenscheibe***
- ***Sodawasser***

Whiskey, Saft, Sirup und Eiweiß mit Eis im Shaker kräftig schütteln und in ein Longdrinkglas abseihen. Mit Sodawasser abspritzen. Mit Zitronenscheibe und Kirsche garnieren.

Colonel Collins

- ***5 cl Bourbon***
- ***3 cl Zitronensaft***
- ***2 cl Zuckersirup***
- ***Sodawasser***
- ***Zitronenscheibe***
- ***Cocktailkirsche***

Bourbon, Saft und Sirup mit Eiswürfeln im Shaker gut schütteln und in ein Longdrinkglas auf einige Eiswürfel abseihen. Mit etwas Sodawasser auffüllen. Mit Zitronenscheibe und Kirsche garnieren.

Whisky Roller

- 2 cl Orangenlikör
- 2 cl Whisky
- 0,2 l Zitronensaft
- Zitronenscheibe

Zutaten über Eiswürfel in ein Longdrinkglas gießen, verrühren und mit Zitronenscheibe dekorieren.

Temptation

- *2 cl Eierlikör*
- *2 cl Scotch Whisky*
- *1 cl Williams-Birnengeist*
- *Borkenschokolade*

Likör, Whisky und Birnengeist im Shaker gut mixen, in eine Cocktailschale abseihen und mit Borkenschokolade bestreuen.

Amor

- 1 cl Blackberry Brandy
- 1 cl Scotch Whisky
- 1 cl Weinbrand
- Sekt
- 1/2 Orangenscheibe
- 1/2 Zitronenscheibe

Brandy, Whisky und Weinbrand im Shaker schütteln, in eine Cocktailschale abseihen und mit Sekt auffüllen. Halbe Orangen- und Zitronenscheibe auf den Glasrand stecken.

Zutaten über zerkleinertem Eis im Shaker mixen und in ein vorgekühltes Sektglas abseihen. Mit Zitronenmelisse dekorieren.

Bourbon Sour

- *6 cl Bourbon*
- *1 cl Cognac*
- *1 cl Curaçao*
- *2 cl Zitronensaft*
- *1 Spritzer Angostura Bitter*
- *Zitronenmelisse*

Whisky Flip

- *5 cl Whisky*
- *1 cl Zuckersirup*
- *2 cl Sahne*
- *1 Eigelb*
- *geriebene Muskatnuss*

Die Zutaten mit Eiswürfeln im Shaker kurz und kräftig schütteln und in ein Longdrinkglas abseihen. Mit etwas Muskat bestreuen.

Flush

- *4 cl Bourbon*
- *3 cl Grüne Banane Likör*
- *Mineralwasser*
- *Orangenschale*
- *Kiwischeibe*
- *Kirsche*

Zutaten im Shaker auf Eis schütteln, in ein Longdrinkglas abseihen und mit eisgekühltem Mineralwasser auffüllen. Mit Orangenschale, Kiwischeibe und Kirsche dekorieren.

Super Fox

- ***4 cl Whisky***
- ***1 cl Kirschlikör***
- ***1 TL Limettensirup***
- ***Roter Johannisbeer-Nektar***
- ***Grapefruitsaft***
- ***Ginger Ale***

Zwei Eiswürfel in ein Longdrinkglas geben, Whisky, Likör und Sirup hinzufügen. Kurz durchschwenken und zu je einem Drittel mit Johannisbeer-Nektar, Grapefruitsaft und Ginger Ale auffüllen.

Chi-Chi

- ***5 cl Wodka***
- ***2,5 cl Kokosnussreme***
- ***8 cl Ananassaft***
- ***Ananasscheibe***
- ***Cocktailkirsche***

Zutaten im Shaker auf Eis gut mixen und in ein Cocktailglas auf gestoßenes Eis gießen. Mit Ananasscheibe und Kirsche garnieren.

Sommerwind

- ***2 cl Pfefferminztee***
- ***1 cl Wodka***
- ***1 cl Zuckersirup***
- ***Saft von 1/2 Zitrone***
- ***Mineral- oder Heilwasser mit Kohlensäure***
- ***Zitronenscheibe***

Für den Zuckerrand:

- ***Zitronensaft und Zucker***

Rand einer Cocktailschale in Zitronensaft und dann in Zucker tauchen. Tee, Wodka, Sirup und Saft im Shaker mixen und in das vorbereitete Glas auf Eis abseihen. Mit Wasser auffüllen und eine Zitronenscheibe hineingeben.

Sommerwind

Screwdriver

- *4 cl Wodka*
- *16 cl Orangensaft*
- *Orangenscheibe*

Den Wodka in einen Tumbler auf Eisstücke geben und mit Orangensaft auffüllen. Mit Orangenscheibe dekorieren.

Barbara Cocktail

- *2 cl Crème de Cacao braun*
- *2 cl Wodka*
- *2 cl frische Sahne*

Zutaten im Shaker auf Eiswürfel kräftig schütteln und in ein Cocktailglas abseihen.

Caipirovka

- *4 cl Wodka*
- *3 Barlöffel brauner Zucker*
- *4 Limettenspalten*

In das Old-Fashioned-Glas die Limettenspalten und darüber den braunen Zucker geben. Mit dem Holzstößel (Muddler) zerdrücken und anschließend Wodka darauf gießen. Das Glas mit crushed (zerstoßenem) Eis auffüllen.

Vulcano

- *2 cl Vermouth Bianco*
- *6 cl Wodka*
- *Orangensaft*
- *Orangenscheibe*

Vermouth und Wodka in Tumbler auf Eiswürfel geben, mit Orangensaft auffüllen und mit Orangenscheibe dekorieren.

Bull Shot

- *5 cl Wodka*
- *10 cl Consommé*
- *Salz*
- *Pfeffer*
- *Zitronensaft*

Den Wodka und die Fleischbrühe in einem Longdrinkglas mit Eis verrühren, einen Spritzer Zitronensaft und eventuell Zitronenschale hinzugeben.

Goodmother

- *4 cl Wodka*
- *2 cl Amaretto*

Das Old-Fashioned-Glas zu zwei Dritteln mit Eiswürfeln füllen und die Spirituosen darauf gießen.

The Waikiki

- 4 cl Wodka
- 12 cl Ananassaft
- Ananasscheibe

Eisgekühlten Wodka auf Eiswürfel in ein Longdrinkglas geben und mit Ananassaft auffüllen. Mit Ananasstück dekorieren.

Don Gregory

- 4 cl Wodka
- 12 cl Cola
- Orangen- oder Zitronenscheibe

Eisgekühlten Wodka auf Eiswürfel in ein Longdrinkglas geben und mit Cola auffüllen. Mit Orangen- oder Zitronenscheibe dekorieren.

Harvey Wallbanger

- *4 cl Wodka*
- *1 cl Liquore Galliano*
- *12 cl Orangensaft*

In ein Longdrinkglas einige Eiswürfel geben. Wodka und Orangensaft dazugießen und gut umrühren. Den Galliano darauf gießen und nicht mehr umrühren. Eine Orangenscheibe an den Glasrand stecken und einen Stirrer dazugeben.

Blue Lagoon

- *4 cl Wodka*
- *2 cl Curaçao blue*
- *1 cl Zitronensaft*
- *Zitronenlimonade*
- *Zitronenscheibe*

Wodka, Curaçao und Zitronensaft im Longdrinkglas auf Eiswürfeln verrühren und mit Zitronenlimonade auffüllen. Mit Zitronenscheibe dekorieren.

Sex on the Beach

- *3 cl Wodka*
- *3 cl Pfirsichlikör*
- *3 cl Orangensaft*
- *3 cl Preiselbeersaft*

Alle Zutaten im Shaker mixen und mit den Eiswürfeln in das Longdrinkglas geben. Anschließend zwei blaue Trauben mit Stiel über den Glasrand hängen.

Sansibar

- *1 cl Wodka*
- *2 cl Zuckersirup*
- *1 Kiwi püriert*
- *Saft von 1/4 Zitrone*
- *Kiwischeibe*

Für den Mandelrand:

- *Zitronensaft und gehackte Mandeln*

Rand eines Longdrinkglases in Zitronensaft und dann in gehackte Mandeln tauchen. Pürierte Kiwi, Sirup, Zitronensaft und Wodka im Shaker mixen und in das vorbereitete Glas auf Eiswürfel geben. Mit Kiwischeibe dekorieren.

Black Russian

- ***4 cl Wodka***
- ***2 cl Kahlúa***

Zutaten im Tumbler auf Eiswürfeln verrühren.

Tipp: Je nach persönlichem Geschmack können Sie das Verhältnis von Wodka und Kahlúa variieren. Der „Russian" muss aber keineswegs immer „black" sein. Mit Sahnehaube gekrönt, wird daraus ein „White Russian". Wenn Sie den Kaffeelikör durch Crème de Menthe oder Kirschlikör ersetzen, haben Sie einen grünen bzw. roten „Russian".

Vodkantini

- ***1 cl Wodka***
- ***6 cl Vermouth Dry***
- ***Olive***

Eisgekühlten Wodka auf Eiswürfel im Mixglas mit dem Vermouth verrühren, in ein vorgekühltes Cocktailglas abseihen und eine Olive hineingeben.

Moscow Mule

- *4 cl Wodka*
- *1 Spritzer Limonensaft*
- *Ginger Ale*
- *Limonenscheibe*

Eisgekühlten Wodka auf Eiswürfel in einen großen Tumbler oder ein Longdrinkglas geben, mit Limonensaft abspritzen und mit Ginger Ale auffüllen. Mit Limonenscheibe dekorieren.

Wodka Gimlet

- *4 cl Wodka*
- *2 cl Lime Juice*

Lime Juice und Wodka im Rührglas gut vermischen, durch das Barsieb in ein vorgekühltes Cocktailglas abgießen und eine Limettenscheibe dazugeben.

Bloody Mary

- *5 cl Wodka*
- *1 cl Zitronensaft*
- *10 cl Tomatensaft*
- *Worcestershiresauce*
- *Tabasco*
- *Selleriesalz*
- *Pfeffer*

Alle Zutaten im Shaker auf Eis kräftig schütteln oder im Mixglas gut verrühren. Nochmals abschmecken und im Longdrinkglas servieren.

Tipp: Stellen Sie zum Umrühren eine Selleriestange in den Drink. Das ist dekorativ und praktisch zugleich.

White Russian

- *3 cl Wodka*
- *2 cl Coffee Liqueur*
- *2 cl Sahne*

Den Wodka und den Coffee Liqueur mit Eiswürfeln im Rührglas gut verrühren und durch das Barsieb in ein vorgekühltes kleines Stielglas abgießen. Etwas leicht geschlagene Sahne als Haube darauf setzen.

Salty Dog

- *5 cl Wodka*
- *5 cl Grapefruitsaft*
- *Prise Salz*

Wodka und Saft im Shaker mit Eiswürfeln schütteln und mit einer Prise Salz in eine vorgekühlte Cocktailschale geben. Statt der Prise Salz im Cocktail können Sie auch den Rand des Glases mit Salzrand verzieren: Glas in den Saft und dann in Salz tunken.

Wodka Gibson

- *4 cl Wodka*
- *1 cl Vermouth Dry*
- *2-3 Perlzwiebeln*

Wodka und Vermouth im Shaker auf Eis schütteln, in ein Cocktailglas abseihen und mit Perlzwiebeln garnieren.

George Collins

- *2 cl Wodka*
- *2 cl Cointreau*
- *2 cl Zitronensaft*
- *Bitter Lemon*

Wodka, Cointreau und Saft mit zwei Eiswürfeln im Longdrinkglas verrühren und mit Bitter Lemon auffüllen.

Ice Land

- *4 cl Wodka*
- *10 cl Grapefruitsaft*
- *Tonic Water*
- *Grapefruitscheibe*
- *Cocktailkirsche*

Wodka und Saft im Longdrinkglas mit Eiswürfeln verrühren und mit Tonic Water auffüllen. Zur Dekoration Grapefruitscheibe mit Kirsche auf den Glasrand stecken.

Ice Land

Alligator (1989)

- *2 cl Curaçao blue*
- *2 cl Pernod oder Pastis*
- *1 Spritzer Angostura*
- *12 cl Maracuja-Nektar*

Den Rand eines Longdrinkglases in einem Zitronenviertel drehen und in eine mit Zucker gefüllte Schale tupfen. Einige Eiswürfel in das Glas geben. Die Zutaten mit Eiswürfeln im Shaker kräftig schütteln und durch das Barsieb in das Glas gießen. Anschließend eine Zitronenscheibe an den Glasrand stecken.

Emanuella

- *3 cl Jambosala*
- *2 cl Himbeergeist*
- *2 cl Grenadine*
- *2 cl Sahne*
- *1 Eigelb*
- *Schokostreusel*

Zutaten im Shaker gut mixen und in ein Cocktailglas abseihen. Mit Schokostreuseln dekorieren.

Exotic Blue

- *4 cl Curaçao blue*
- *2 cl Sahne*
- *8 cl Ananassaft*
- *Ananasstück*
- *Kirsche*

Curaçao, Sahne und Saft im Shaker auf Eis gut schütteln und in ein Longdrinkglas abseihen. Mit Ananasstück und Kirsche dekorieren.

Grüne Witwe

- *4 cl Curaçao blue*
- *Orangensaft*
- *Orangenscheibe*

Curaçao auf zwei bis drei Eiswürfel in ein Longdrinkglas geben und langsam mit Orangensaft auffüllen. Orangenscheibe auf das Glas legen und in die Mitte einen Trinkhalm hineinstechen.

Grüne Witwe

Bonne Chance

- 2 cl Grand Marnier
- 2 cl Cognac
- 2 cl Zitronensaft
- 1 Spritzer Angostura
- Sodawasser

Grand Marnier, Cognac, Saft und Angostura im Shaker auf Eiswürfeln kräftig schütteln, in ein Longdrinkglas auf Eiswürfel abseihen und mit Sodawasser abspritzen.

Rêve d'Or

- **4 cl Grand Marnier**
- **1 cl Galliano**
- **2 cl Sahne**
- **4 cl Orangensaft**

Zutaten im Shaker auf Eiswürfeln kräftig schütteln und in eine vorgekühlte Cocktailschale abseihen.

Jack Collins

- ***5 cl Calvados***
- ***3 cl Zitronensaft***
- ***2 cl Zuckersirup***
- ***Sodawasser***

Den Shaker zur Hälfte mit Eiswürfeln füllen. Die Zutaten ohne Sodawasser dazugeben und kräftig schütteln. Durch das Barsieb in ein Longdrinkglas auf einige Eiswürfel abgießen. Auf das im Shaker verbliebene Eis etwas Sodawasser geben und damit den Drink auffüllen. Eine halbe Zitronenscheibe und zwei Cocktailkirschen dazugeben.

Porto Flip Normand

- ***3 cl Calvados***
- ***3 cl roter Portwein***
- ***2 cl Sahne***
- ***1 cl Zuckersirup***
- ***1 Eigelb***

Die Zutaten mit großen Eiswürfeln im Shaker kurz und kräftig schütteln. Durch das Barsieb in ein mittelgroßes Stielglas abseihen. Danach etwas Muskat darüber reiben.

Rêve Tropical

- ***4 cl Grand Marnier***
- ***4 cl Orangensaft***
- ***4 cl Ananassaft***
- ***Ananasscheibe***
- ***Cocktailkirsche***
- ***Minzezweig***

Grand Marnier und Säfte im Shaker mit Eis kräftig schütteln und durch einen Strainer in ein Longdrinkglas auf Eiswürfel abseihen. Mit Ananasscheibe, Kirsche und Minze dekorieren.

Marninique

- *2 cl Grand Marnier*
- *3 cl weißer Rum*
- *1 Spritzer Zitronensaft*
- *2 cl Lime Juice*
- *6 cl Ananassaft*
- *2 cl Orangensaft*
- *Ananasstück*

Grand Marnier, Rum und Säfte im Shaker auf Eis kräftig schütteln, in ein Longdrinkglas auf gestoßenes Eis abseihen und ein Ananasstück hineingeben.

Chapeau Blanc

- *4 cl Grand Marnier*
- *2 cl Cognac*
- *halbflüssige Sahne*

Grand Marnier und Cognac im Mixglas auf Eiswürfeln gut verrühren, in ein Südweinglas abseihen und leicht angeschlagene Sahne darüber geben.

Florida Star

- *4 cl Aperol*
- *4 cl Grapefruitsaft*
- *Tonic Water*

In ein Longdrinkglas Eiswürfel, Aperol und Grapefruitsaft geben, mit Tonic Water auffüllen und leicht umrühren. Eine Zitronenscheibe an den Glasrand stecken.

Campari Orange

- ***4 cl Campari Bitter***
- ***Orangensaft***

In ein Longdrinkglas einige Eiswürfel geben und den Campari dazugießen. Anschließend mit Orangensaft auffüllen und eine halbe Orangenscheibe in den Drink geben.

Tropic Campari (1985)

- ***3 cl Campari***
- ***2 cl Gin***
- ***2 cl Grand Marnier C.R.***
- ***4 cl Orangensaft***
- ***Bitter Lemon***

Die Zutaten ohne Bitter Lemon mit Eiswürfeln im Shaker kräftig schütteln und durch das Barsieb in ein Longdrinkglas auf einige Eiswürfel abgießen. Zum Schluss mit kaltem Bitter Lemon auffüllen, leicht umrühren und mit Fruchtspieß sowie einem Minzezweig garnieren.

Rosanna

- ***3 cl Campari***
- ***1 cl Grand Marnier C.R.***
- ***4 cl Orangensaft***
- ***Champagner***

Die Zutaten ohne Champagner mit Eiswürfeln im Shaker kräftig schütteln und durch das Barsieb in ein großes Champagnerglas abgießen. Mit kaltem Champagner auffüllen und eine Erdbeere an den Glasrand stecken.

Americano

- ***5 cl Vermouth Rosso***
- ***3 cl Campari***
- ***2 Orangenscheiben***
- ***Soda-, Mineral- oder Heilwasser***

Vermouth und Campari im Shaker auf Eis gut schütteln und in ein Longdrinkglas geben. Mit einer Orangenscheibe über den inneren Glasrand geben und den Drink mit dem Saft der Orangenscheibe abspritzen. Je nach Geschmack mit Wasser auffüllen.

Americano

Angelo

Für 2 Gläser

- *6 cl Campari*
- *4 cl Ananassaft*
- *4 cl Orangensaft*
- *2 cl Vermouth Dry*

Campari, Säfte und Vermouth im Shaker auf Eiswürfeln gut schütteln und in vorgekühlte Cocktailschalen abseihen.

Romeo und Julia

Für 2 Gläser

- *4 cl Campari*
- *10 cl trockener Weißwein*
- *2 Spritzer Zitronensaft*

Campari in gekühlte, hochstielige Weißweingläser geben, mit Wein auffüllen und mit Zitronensaft abspritzen.

Campari Sour

- *8 cl Campari*
- *2 cl frischer Zitronensaft*
- *2 cl Orangensaft*
- *2 cl Zuckersirup*
- *Orangenschale*
- *Kirsche*

Campari, Säfte und Sirup im Shaker auf Eis gut mixen und in ein Longdrinkglas abseihen. Orangenspirale und Kirsche aufspießen und über den Glasrand legen.

Flamingo

- *2 cl Brombeerlikör*
- *2 cl weißer Rum*
- *Orangensaft*
- *Orangenscheibe*

Likör und Rum im Shaker mixen, in ein Cocktailglas abseihen und mit Orangensaft auffüllen. Mit Orangenscheibe dekorieren.

La Même Chose

- *2 cl Drambuie*
- *2 cl Whisky*
- *1 cl Vermouth Rosso*
- *1 cl Orangensaft*
- *1 Eiweiß*
- *1 Spritzer Angostura*

Sämtliche Zutaten im Shaker kräftig schütteln und im Cocktailglas servieren.

Hilton Fling

- *2 cl Drambuie*
- *4 cl Dubonnet*
- *1 Spritzer Orangenbitter*
- *Orangenspirale*

Drambuie und Dubonnet über Eiswürfel in einen Sektkelch gießen. Einen Spritzer Orangenbitter hinzufügen und Orangenspirale hineingeben.

Drambuie Swizzle

- *4 cl Drambuie*
- *2 cl Limetten- oder Zitronenlikör*
- *1 Tropfen Orangenbitter*
- *Sodawasser*
- *Zitronen- oder Limettenscheibe*
- *frische Minze*

Liköre und Orangenbitter in ein zur Hälfte mit Eiswürfeln gefülltes Becherglas geben, mit Sodawasser auffüllen und umrühren. Mit Zitrusscheibe und frischer Minze dekorieren.

Mary Stuart

- *3 cl Cognac*
- *1 cl Drambuie*
- *Zitronenscheibe*

Cognac und Drambuie im Mixglas mit zerkleinerten Eiswürfeln verrühren und in ein kleines Kelchglas geben. Mit Zitronenscheibe dekorieren.

La Même Chose; Hilton Fling; Drambuie Swizzle; Mary Stuart; Orient Express

Orient Express

- **2 cl Scotch Whisky**
- **2 cl Drambuie**
- **2 cl Vermouth Dry**
- **Orangenschale**

Whisky, Likör und Vermouth im Mixglas mit Eiswürfeln verrühren und in ein Cocktailglas gießen. Mit Orangenschale dekorieren.

Royal Cocktail

- **2 cl Crème de Bananes**
- **2 cl Curaçao blue**
- **2 cl Weizenkorn**
- **2 cl Zitronensaft**
- **Zitronenscheibe**
- **Kirsche**

Liköre, Saft und Weizenkorn im Shaker auf Eis gut schütteln und in ein Cocktailglas abseihen. Mit Zitronenscheibe und Kirsche dekorieren.

Southern Wheeler

- *4 cl Southern Comfort*
- *2 cl Whisky*
- *1 cl Mandellikör*
- *4 cl Orangensaft*
- *2 cl Zitronensaft*
- *frische Minze*
- *Kirsche*
- *Orangenscheibe*
- *Sternfruchtscheibe*

Liköre, Whisky und Säfte im Shaker auf Eiswürfeln kräftig schütteln und in ein großes Ballonglas auf gestoßenes Eis abseihen. Mit frischer Minze, Kirsche, Orangen- und Sternfruchtscheibe dekorieren.

Cherry Blossom

- *2 cl Cherry Brandy*
- *2 cl Cognac*
- *1 cl Cointreau*
- *1 cl Grenadine*
- *2 cl Zitronensaft*

Alle Zutaten im Shaker mit Eiswürfeln kräftig schütteln und durch das Barsieb in eine Cocktailschale abgießen.

Apricot Fizz

- *4 cl Apricot Brandy*
- *4 cl Orangensaft*
- *2 cl Zitronensaft*
- *Sodawasser*
- *Zitronenscheibe*
- *Kirsche*

Likör und Säfte im Shaker auf Eis schütteln, in ein Longdrinkglas abseihen und mit Sodawasser auffüllen. Mit Zitronenscheibe und Kirsche dekorieren.

Cherry Brandy Flip

- *4 cl Cherry Brandy*
- *2 cl frische Sahne*
- *1 Eigelb*
- *Vanillepulver*
- *Kirsche*

Likör, Sahne und Eigelb im Shaker mixen, in ein Cocktailglas abseihen und mit etwas Vanillepulver bestreuen. Mit Kirsche dekorieren.

Deansgate

- *4 cl weißer Rum*
- *2 cl Drambuie*
- *2 cl Limettensaft*
- *Orangenschale*
- *Orangenscheibe*

Rum, Likör und Saft in einem Becherglas mit zerkleinerten Eiswürfeln verrühren. Mit Orangenschale abspritzen und eine halbe Orangenscheibe auf den Glasrand stecken.

Bonnie's Love

- *4 cl Drambuie*
- *2 cl frischer Orangensaft*
- *Sekt*
- *Orangenspirale*

Likör und Orangensaft in eine Cocktailschale geben und mit gut gekühltem, halbtrockenem Sekt auffüllen. Mit Orangenspirale dekorieren.

Deansgate; Bonnie's Love

Strawberry

- *3 cl Weinbrand*
- *3 cl Erdbeersirup*
- *6 cl Orangensaft mit Fruchtfleisch*
- *6 cl Grapefruitsaft*
- *Sternfruchtscheibe*
- *2 Cocktailkirschen*

Weinbrand und Säfte im Shaker gut mixen und auf Eiswürfel in ein Longdrinkglas abseihen. Sternfruchtscheibe und Kirschen aufspießen und über den Glasrand legen.

Guillaume

- *3 cl Grapefruitsaft*
- *3 cl Orangensaft*
- *3 cl Apfelsaft*
- *1 cl Calvados*
- *1 Schuss Crème de Cassis*

Alle Zutaten im Shaker mixen und in ein Longdrinkglas auf gestoßenes Eis geben. Mit Früchten garnieren.

Guillaume

Apri Top

- *2 cl Apricot Brandy*
- *2 cl Whisky*
- *Ginger Ale*
- *Limonen- und Zitronenscheibe*

Likör und Whisky im Longdrinkglas auf Eiswürfeln verrühren und mit Ginger Ale auffüllen. Mit Zitrusscheiben dekorieren.

Apricot Cooler

- *4 cl Apricot Brandy*
- *2 cl Zitronensaft*
- *3 Spritzer Grenadine*
- *Ginger Ale oder Sodawasser*

Likör, Saft und Grenadinesirup im Shaker auf Eis mixen, in ein Longdrinkglas abseihen und mit Ginger Ale oder Sodawasser auffüllen.

Red Kiss

- *3 cl Kirschlikör*
- *3 cl Pfirsich-Nektar*
- *1 cl Grapefruitsaft*

Likör und Säfte im Shaker schütteln und ohne Eis in einer Cocktailschale servieren.

Cacao Flip

- *4 cl Crème de Cacao braun*
- *2 cl frische Sahne*
- *1 Eigelb*
- *Schokoladenpulver*

Likör, Sahne und Eigelb im Shaker kräftig schütteln, in ein Cocktailglas abseihen und mit Schokoladenpulver bestreuen.

Baked Almonds (1983)

- *3 cl Crème de Cacao braun*
- *3 cl Amaretto*
- *4-6 cl Sahne*

Alle Zutaten im Shaker kräftig schütteln und durch das Barsieb in eine Cocktailschale abgießen.

Crazy Wonder

- *4 cl Kiwilikör*
- *2 cl Ananassaft*
- *1 cl Kokosnusslikör*
- *Kiwischeibe*

Liköre und Saft im Shaker mixen und über Eiswürfel in ein Cocktailglas abseihen. Mit Kiwischeibe dekorieren.

Flying High

- *2 cl Crème de Bananes*
- *3 cl Weizenkorn*
- *2 cl Zitronensaft*
- *Sodawasser*
- *Orangenscheibe*

Likör, Korn und Saft im Mixglas verrühren und über Eiswürfel in ein Longdrinkglas geben. Mit Sodawasser auffüllen und mit Orangenscheibe dekorieren.

Normandy

- *2 cl Calvados*
- *2 cl Crème de Cacao*
- *1 EL Crème fraîche*
- *1 Eigelb*
- *1 TL Puderzucker*

Zutaten im Shaker gut mischen und in ein Cocktailglas abseihen.

Normandy

Corail

- *3 cl Williams-Birnengeist*
- *3 cl Passionsfruchtlikör*
- *4 cl Ananassaft*
- *Kiwischeibe*
- *Himbeere*

Für den Zuckerrand:

- *Pfefferminzsirup und Zucker*

Rand eines Cocktailglases in Pfefferminzsirup und dann in Zucker tauchen. Zutaten auf Eis im Shaker gut schütteln und in das Glas abseihen. Mit Kiwischeibe und Himbeere dekorieren.

Blue Sunset

- *3 cl Mirabellengeist*
- *3 cl Ananassaft*
- *3 cl Canada Dry*
- *1 cl Curaçao blue*

- ***Ananasscheibe***
- ***Cocktailkirsche***
- ***frische Minze***

Mirabellengeist, Saft und Canada Dry in ein Longdrinkglas auf Eis geben, umrühren und zum Schluss den Curaçao zugeben. Mit Ananas, Kirsche und Minze dekorieren.

Sailer

- ***3 cl Himbeergeist***
- ***2 cl Cointreau***
- ***4 cl Ananassaft***
- ***1 cl Grenadine***
- ***Orangenscheiben***
- ***Cocktailkirsche***
- ***frische Minze***

Himbeergeist, Cointreau und Saft in ein Cocktailglas auf Eis geben, umrühren und den Grenadinesirup hinzufügen. Mit Orangenscheiben, Kirsche und frischer Minze dekorieren.

Papagayo

- ***4 cl Orangensaft***
- ***2 cl Cointreau***
- ***1 cl Grenadine***
- ***2 cl Mirabellengeist***
- ***1 cl Curaçao blue***
- ***Limone***
- ***Cocktailkirsche***

Orangensaft und Cointreau in ein Longdrinkglas auf Eis geben und umrühren. Curaçao und Mirabellengeist in einem anderen Glas mischen und dann vorsichtig mit einem Löffel über den Drink geben. Mit Limone und Kirsche dekorieren.

La Vie en Rose

- ***3 cl Kirschwasser***
- ***2 cl Sherry***
- ***5 cl Bananensaft***
- ***Kirsche***
- ***Bananenscheibe***
- ***frische Minze***

Zutaten im Shaker auf Eis mixen und in ein Cocktailglas abseihen. Mit Kirsche, Bananenscheibe und Minze dekorieren.

Cherry Light

- ***3 cl Kirschlikör***
- ***3 cl Schwarzer Johannisbeer-Nektar***
- ***1 cl Pulco***
- ***Limonenscheibe***

Zutaten im Shaker mixen und ohne Eis in einer Cocktailschale servieren. Limonenscheibe auf den Glasrand stecken.

Gatsby

- ***4 cl Himbeergeist***
- ***4 cl Pfirsich-Nektar***
- ***2 cl Passionsfruchtlikör***
- ***Orangenspirale***
- ***Cocktailkirsche***

Für den Zuckerrand:

- ***Curaçao und Zucker***

Rand eines Cocktailglases in Curaçao und dann in Zucker tauchen. Himbeergeist und Nektar im Shaker auf Eis mixen und in das Cocktailglas abseihen. Likör hinzufügen. Mit Orangenspirale und Kirsche dekorieren.

Caribbean Blue

- ***2 cl Curaçao blue***
- ***3 cl Weizenkorn***
- ***1 cl Zitronensaft***
- ***Grapefruitsaft***

Curaçao, Korn und Zitronensaft in ein Longdrinkglas auf Eiswürfel geben und mit Grapefruitsaft auffüllen.

Green Summer

- ***4 cl Grüne Banane Likör***
- ***4 cl Ananassaft***
- ***Bitter Lemon***
- ***Sternfruchtscheibe***
- ***Kirsche***

Likör und Saft in ein Longdrinkglas auf Eis geben, verrühren und mit Bitter Lemon auffüllen. Mit Sternfruchtscheibe und Kirsche dekorieren.

King Peter

- *4 cl Kirschlikör*
- *10 cl Tonic Water*
- *1 Spritzer Zitronensaft*
- *Zitronen- oder Limettenscheibe*

Kirschlikör in ein Longdrinkglas geben, mit Tonic Water auffüllen, mit Zitronensaft abspritzen und zerkleinertes Eis hinzufügen. Mit Limetten- oder Zitronenscheibe dekorieren.

Olympic Dreams

- *4 cl Licor 43*
- *2 cl Zitronensaft*
- *1 cl Grenadine*
- *Saft von 1 Orange*
- *1 Eigelb*

Das Eigelb in einen Shaker auf Eis geben, die übrigen Zutaten hinzufügen und alles gut durchschütteln. In ein Longdrinkglas auf Eiswürfel abseihen und mit Trinkhalm servieren.

Mondtau

- *3 cl Williams-Birnengeist*
- *4 cl Pfirsich-Nektar*
- *3 cl Passionsfruchtlikör*
- *Limonenscheibe*
- *Erdbeere*

Birnengeist, Nektar und Likör im Shaker auf Eis mixen und in ein Cocktailglas abseihen. Mit Limonenscheibe und Erdbeere dekorieren.

Sommerglück

- *4 dunkle Sauerkirschen*
- *4 cl Kirschlikör*
- *einige Spritzer Angostura Bitter*
- *trockener Sekt*
- *Kirschenpaar*

Kirschen entsteinen, in einen Sektkelch geben und mit Kirschlikör übergießen. Durchziehen lassen und Angostura hinzugeben. Mit Sekt auffüllen. Kirschenpaar über den Glasrand hängen.

Tipp: Wenn keine Kirschenzeit ist, können Sie auch Früchte aus dem Glas verwenden.

Normandie Crusta

- ***5 cl Calvados***
- ***1 cl Zuckersirup***
- ***2 cl Orangensaft***
- ***2 cl Zitronensaft***
- ***Zitronenspirale***

Für den Zuckerrand:

- ***Zitronensaft und Zucker***

Rand eines Weißweinglases in Zitronensaft und dann in Zucker tauchen. Calvados und Säfte im Shaker gut schütteln und in das Glas abseihen. Mit Zitronenspirale dekorieren.

Fancy Mauritius

- ***3 cl Licor 43***
- ***3 cl Jamaika-Rum***
- ***1 Spritzer Angostura***
- ***1 cl Zitronensaft***
- ***2 cl Ananassaft***
- ***4 cl Orangensaft***
- ***Orangenscheibe***

Zutaten im Shaker kräftig schütteln und in ein Longdrinkglas auf Eis abseihen. Mit Orangenscheibe dekorieren.

White Dream

- 3 cl Licor 43
- 2 cl Mirabellengeist
- 2 cl Sahne

Zutaten im Shaker auf Eiswürfel kräftig schütteln und in ein Cocktailglas abseihen.

Elisa

- 2 cl Licor 43
- 2 cl Wodka
- Tonic Water

Likör und Wodka auf Eis in einen Tumbler geben und mit Tonic Water auffüllen.

Golfer's No. 1

- *1 cl brauner Rum*
- *2 cl Licor 43*
- *2 cl Orangensaft*
- *3 cl Zitronensaft*
- *Vanille- und Zitroneneis*
- *Minzeblätter*

Likör und Säfte im Shaker auf Eis schütteln, in ein Cocktailglas auf gestoßenes Eis geben und je eine kleine Kugel Vanille- und Zitroneneis hinzufügen. Mit Minzeblättern dekorieren.

Jack Rose

- *5 cl Calvados*
- *1 cl Grenadine*
- *2 cl Zitronensaft*

Zutaten auf Eis im Shaker schütteln und in eine Cocktailschale abseihen.

Calvados Sour

- *4 cl Calvados*
- *2 cl Zitronensaft*
- *1 cl Zuckersirup*
- *Orangenscheibe*
- *Cocktailkirsche*

Calvados, Saft und Sirup im Shaker auf Eis mixen und in einen Sektkelch abseihen. Mit Orangenscheibe und Kirsche dekorieren.

Danish Mary

- *9 cl Tomatensaft*
- *Saft von 1/2 Zitrone*
- *Prise Selleriesalz*
- *4 cl Aquavit*
- *Limettenscheibe*

Zutaten im Shaker auf Eis schütteln und in ein Longdrinkglas auf Eiswürfel abseihen. Mit einer Limettenscheibe dekorieren.

Tipsy Apple

- *5 cl Calvados*
- *Apfelsaft*
- *Apfelscheibe*
- *frische Minze*

Calvados in ein Longdrinkglas auf Eis geben und mit Apfelsaft auffüllen. Mit Apfelscheibe und Minze dekorieren.

Apfel-Drink

- *3 cl Calvados*
- *1 EL Zitronensaft*
- *1/2 Apfelscheibe mit Schale*
- *Soda-, Mineral- oder Heilwasser*

Apfelscheibe mit Zitronensaft beträufeln und mit dem Calvados in ein hohes Glas geben. Mit gut gekühltem Wasser auffüllen.

Long Island Ice Tea

- *1 cl weißer Rum*
- *1 cl Gin*
- *1 cl Triple Sec*
- *1 cl Wodka*
- *1 cl Tequila*
- *1 cl Zitronensaft*
- *Cola*

Alle Zutaten (ohne Cola) im Shaker auf Eis kräftig schütteln, in ein Longdrinkglas auf Eiswürfel abseihen und mit Cola auffüllen.

Passion Flame

- *4 cl Tequila*
- *4 cl Ananassaft*
- *2 cl Angostura*
- *1 TL Grenadine*
- *Saft von 1/2 Limone*
- *Limonenscheibe*
- *Cocktailkirsche*

Zutaten auf Eis im Shaker schütteln und in ein Longdrinkglas auf Eiswürfel abseihen. Mit Limonenscheibe und Kirsche dekorieren.

High Noon

- *2 cl Campari*
- *2 cl weißer Rum*
- *10 cl Blutorangen-Drink*

Für den Zuckerrand:

- *etwas Eiweiß und Zucker*

Den Rand eines Longdrinkglases in Eiweiß und dann in Zucker tauchen. Campari und Rum in das Glas geben und mit eiskaltem Blutorangen-Drink auffüllen.

Väterchen Frost

- *2 cl Wodka*
- *2 cl Blutorangen-Drink*
- *Früchte zum Aufspießen*
- *1 Eiweiß*
- *Zucker*

Früchte (Trauben, Kirschen, Orangenstücke) in Eiweiß tauchen und dann in Zucker wälzen. Wenn die Zuckerschicht gut angetrocknet ist, die Früchte aufspießen. Gut gekühlten Wodka und Blutorangen-Drink in ein vorgekühltes Glas geben und den Spieß mit den Crusta-Früchten hineinstellen. Sofort servieren.

El Diabolo

- *5 cl Tequila*
- *2 cl Crème de Cassis*
- *1/2 Limone*
- *Ginger Ale*
- *Limonenschale*

Limone über Eis in einem Longdrinkglas auspressen, Tequila und Crème de Cassis dazugeben und mit Ginger Ale auffüllen. Mit Limonenschale dekorieren.

Tequila Sunrise

- *6 cl Tequila*
- *10 cl Orangensaft*
- *2 cl Grenadine*
- *1 cl Zitrone*
- *Orangenscheibe*
- *Cocktailkirsche*

Tequila, Zitrone und Grenadine in ein hohes Longdrinkglas auf gestoßenes Eis geben und mit Orangensaft auffüllen. Mit Orangenscheibe und Kirsche dekorieren.

Margarita

- *4 cl Tequila*
- *2 cl Triple Sec*
- *2 cl Zitronensaft*

Für den Salzrand:

- *Zitronensaft und Salz*

Rand eines Cocktailglases in Zitronensaft und dann in Salz tauchen. Zutaten im Shaker auf Eis mixen und vorsichtig in das vorbereitete Glas gießen.

Tequilla Sunrise; Margarita

Tequila Sauer

- *4 cl Tequila*
- *2 cl Orangensaft*
- *2 cl Zitronen- oder Limonensaft*
- *Zitronen- und Orangenscheibe*
- *Kirschen*

Säfte und Tequila im Shaker auf Eiswürfeln mixen und in ein Longdrinkglas abseihen. Mit Kirschen, Zitronen- und Orangenscheibe dekorieren.

Orange Cadillac

- *4 cl Aperol*
- *2 cl weißer Rum*
- *5 cl Ananassaft*
- *5 cl Orangensaft*
- *Ananasscheibe*
- *Kirsche*
- *frische Minze*

Aperol, Rum und Säfte im Shaker auf Eis mixen und in ein Longdrinkglas abseihen. Mit Ananas, Kirsche und Minze dekorieren.

Acapulco

- *2 cl Tequila*
- *2 cl Escorial grün*
- *2 cl Grapefruitsaft*
- *1 cl Zitronensaft*
- *Zitronenscheibe*

Zutaten auf Eis im Shaker gut mixen, in ein Cocktailglas abseihen und mit Zitronenscheibe dekorieren.

Strawberry Margarita

- *4 cl weißer Tequila*
- *2 cl Cointreau*
- *2 cl Zitronensaft*
- *3-5 mittelgroße Erdbeeren*
- *evtl. etwas Erdbeerlikör oder -sirup*

Den Rand einer Cocktailschale in einem Zitronenviertel drehen und in eine mit Zucker gefüllte Schale tupfen. Alle Zutaten im Elektromixer gut durchmixen, dann so viel gestoßenes Eis dazugeben, dass man einen sämigen Drink erhält, und anschließend in eine Cocktailschale abgießen. Eine Erdbeere einschneiden und an den Glasrand stecken. Mit zwei kurzen, dicken Trinkhalmen servieren.

Zorro (1986)

- *4 cl weißer Tequila*
- *2 cl Cointreau*
- *1 cl Curaçao blue*
- *4 cl Grapefruitsaft*
- *Tonic Water*

Die Zutaten – ohne Tonic Water – mit Eiswürfeln im Shaker kräftig schütteln und durch das Barsieb in ein Longdrinkglas auf einige Eiswürfel abgießen. Mit kaltem Tonic Water auffüllen und leicht umrühren. Mit einer Orangenscheibe und Cocktailkirschen garnieren.

Corcovado

- *2 cl weißer Tequila*
- *2 cl Curaçao blue*
- *1 cl Drambuie*
- *Seven up oder Sprite*

Ein Longdrinkglas zur Hälfte mit gestoßenem Eis füllen. Die Liköre und den Tequila dazugeben und mit der Limonade auffüllen. Eine Orangen- und eine Zitronenscheibe an den Glasrand und daran eine Cocktailkirsche stecken.

Happy Inka

- *5 cl Tequila*
- *1 cl Lime Juice*
- *1 cl Cointreau*
- *7 cl Guavensaft*
- *Limonenscheibe*
- *Cocktailkirsche*

Zutaten auf Eis im Shaker mixen und in ein mit viel gestoßenem Eis gefülltes Longdrinkglas abseihen. Mit Limonenscheibe und Kirsche dekorieren.

Mexican's Cocktail

- *4 cl Tequila*
- *2 cl Curaçao orange*
- *1 cl Mandelsirup*
- *2 cl Angostura*
- *Cocktailkirsche*

Zutaten mit Eis im Mixglas verrühren, in ein Cocktailglas abseihen und mit Kirsche dekorieren.

Tropicana

- *3 cl Brombeerlikör*
- *2 cl Tequila*
- *1 cl Zitronensaft*
- *7 cl Ananassaft*
- *Bitter Lemon*
- *Zitronenscheibe*

Für den Zuckerrand:

- *Zitronensaft und Zucker*

Rand eines Cocktailglases in Zitronensaft und dann in Zucker tauchen. Likör, Tequila und Säfte im Shaker gut mixen, in das Glas abseihen und mit Bitter Lemon auffüllen. Zitronenscheibe auf den Glasrand stecken.

Goggel Moggel

- *1 Eigelb*
- *2 cl frisch gepresster Orangensaft*
- *2 cl Sahne*
- *2 cl Curaçao Triple Sec*
- *3 cl Kokosnusslikör*
- *Schokoraspeln*

Eigelb, Saft, Sahne und Liköre im Shaker mit einigen Eiswürfeln gut schütteln. In ein vorgekühltes Cocktailglas abseihen und mit Schokoraspeln bestreuen.

Black Egg

- ***1 Eigelb***
- ***3 cl Tequila***
- ***3 cl Kahlúa***
- ***2 cl Sahne***
- ***Kaffeepulver***

Eigelb, Tequila und Kahlúa im Shaker mit sechs bis sieben Eiswürfeln kräftig schütteln. In ein vorgekühltes Cocktailglas abseihen, die leicht geschlagene Sahne vorsichtig über einen Löffelrücken darüber gießen und mit Kaffeepulver bestreuen.

Flamingo

- 3 cl roter Johannisbeer-Nektar
- 3 cl Ananassaft
- 4 cl Red Orange Likör
- 1 cl flüssige Sahne
- Erdbeere

Säfte, Likör und Sahne im Shaker gut mixen und in ein Cocktailglas abseihen. Erdbeere auf den Glasrand stecken.

Matador

- 5 cl Tequila
- 3 cl Ananassirup
- 1 cl Limettensirup

Zutaten auf Eis im Shaker gut schütteln und in einen Tumbler auf Eis abseihen.

Sunshine

- 4 cl Eierlikör
- 1 cl Zitronensaft
- 4 cl Bananensaft
- 6 cl Orangensaft
- Zitronenscheibe
- Bananenstück
- Orangenstück

Likör und Säfte im Shaker gut mixen und in ein großes Cocktailglas abseihen. Zitronenscheibe, Bananen- und Orangenstück aufspießen und in den Drink geben.

Tropical Egg

- 3 cl Eierlikör
- 2 cl weißer Rum
- 2 cl Kokosnusscreme
- 5 cl Orangensaft
- 5 cl Ananassaft
- 1/2 Ananasscheibe
- frische Minze

Egg International; Tropical Egg; Sunshine

Zutaten in einem Shaker kräftig schütteln und in ein Cocktailglas abseihen. Mit Ananas und Minze dekorieren.

Egg International

- *4 cl Eierlikör*
- *1 cl Amaretto*
- *1 cl Cognac*
- *2 cl Kokosnusscreme*
- *2 cl Sahne*
- *4 cl Ananassaft*
- *1 Spritzer Grenadine*
- *Ananasstück*
- *Kirsche*

Alle Zutaten in einem Shaker gründlich schütteln und in ein Cocktailglas abseihen. Mit Ananasstück und Kirsche dekorieren.

Special Egg

- *3 cl Eierlikör*
- *2 cl Gin*
- *1 cl Grenadine*
- *10 cl Maracujasaft*
- *Melonenschiffchen*
- *Kirsche*
- *frische Minze*

Alle Zutaten im Mixglas gut verrühren und in ein Cocktailglas geben. Mit Melonenschiffchen, Kirsche und frischer Minze dekorieren.

Green Island

- *3 cl Eierlikör*
- *2 cl Curaçao blue*
- *1 cl Zitronensaft*
- *10 cl Ananassaft*
- *1/2 Ananasscheibe*

Likör, Curaçao und Säfte gut gekühlt im Longdrinkglas verrühren und mit Ananasscheibe dekorieren.

Schneegestöber

- *4 cl Eierlikör*
- *1-2 cl Amaretto*
- *1 Spritzer Grenadine*
- *Tonic Water*

Hohes Kelchglas zur Hälfte mit Tonic Water füllen, mit den übrigen Zutaten verrühren und anschließend mit Tonic Water auffüllen.

Egg Highball

- 4 cl Eierlikör
- 2 cl Grenadine
- Sekt

Cocktailglas etwa zur Hälfte mit gut gekühltem Sekt füllen, mit Likör und Grenadine verrühren und mit Sekt auffüllen.

Egg Highball; Green Island; Special Egg; Schneegestöber

Tequila Colada

- *3 cl Tequila*
- *4 cl Ananassirup*
- *2 cl Kokossirup*

Zutaten mit einer halben Tasse gestoßenem Eis im Shaker (besser noch im Elektromixer) kräftig mixen, in ein Longdrinkglas abseihen und mit Trinkhalm servieren.

Mockingbird

- *5 cl Tequila*
- *1 cl Limettensirup*
- *Limettenscheibe*

Tequila und Sirup auf Eiswürfeln im Shaker gut schütteln und in ein Cocktailglas abseihen. Mit Limettenscheibe garnieren.

Japala

- *2 cl Tequila*
- *2 cl Papayasaft*
- *2 cl Limettensirup*

Zutaten auf Eis im Shaker gut schütteln und auf zwei Eiswürfel in ein Cocktailglas abseihen.

Egg

- *5 cl Eierlikör*
- *2 cl Gin*
- *15 cl Bitter Lemon*
- *Zitronenscheibe*

Likör, Gin und Bitter Lemon im Shaker kräftig schütteln, in einen Tumbler abseihen und Zitronenstück auf den Glasrand stecken.

Dirty Diana

- *Olivenöl*
- *1 frisches Eigelb*
- *4 cl Tomatenketchup*
- *4 cl Tomatensaft*
- *Salz, Pfeffer*
- *Worcestershiresauce*
- *Tabasco*
- *1 TL Sahnemeerrettich*
- *1 cl Wodka*
- *Petersilie*

Ein Cocktailglas mit Olivenöl ausschwenken. Die übrigen Zutaten (ohne Sahnemeerrettich und Eigelb) im Mixglas gut verrühren und ins Cocktailglas geben. Darüber den Sahnemeerrettich und obenauf vorsichtig das Eigelb geben. Mit Petersilie dekorieren.

Dirty Diana

Panduren Cocktail

- *1/4 l Ananassaft*
- *2 TL feiner Zucker*
- *1 TL Zitronensaft*
- *3 EL Slibowitz*
- *3 EL Eierlikör*
- *Kirsche*
- *frische Minze*

Alle Zutaten im Shaker kräftig schütteln und in flache Sektschalen auf fein gestoßenes Eis abseihen. Mit Kirsche und Minze dekorieren.

Zitronen Cocktail

Für 4 Gläser

- *1 ungespritzte Zitrone*
- *6 EL frisch gepresster Zitronensaft*
- *2 Eiweiß*
- *2 EL Zucker*
- *8 cl Vermouth Dry*
- *4 cl Gin*
- *500 ml Maracujaeis*
- *Bitter Lemon*
- *grober Zucker für den Zuckerrand*

Die Zitrone ganz dünn schälen. Die Schale in feine Streifen und das von der weißen Haut befreite Fruchtfleisch in kleine Würfel schneiden. Den Rand der vorgekühlten Cocktailgläser in Zitronensaft und dann in Zucker tauchen. Gläser wieder kalt stellen. Eiweiß mit Zucker steif schlagen und den restlichen Zitronensaft mit den Zitronenwürfeln unterheben. Vermouth und Gin unterrühren. Maracujaeis in Kugeln oder Würfeln auf die vier Cocktailgläser verteilen und die Eiweißmasse darüber geben. Mit Bitter Lemon auffüllen und mit den Zitronenschalen-Streifen dekorieren. Mit Trinkhalm und Teelöffel servieren.

Orangen Tropic

- *2 cl frisch gepresster Orangensaft*
- *1 cl frisch gepresster Zitronensaft*
- *2 cl brauner Rum*
- *1 TL Grenadine*
- *1 TL Maraschino*
- *1/2 Orangenscheibe*
- *Kirsche*

Säfte, Rum, Sirup und Likör im Shaker mit Eiswürfeln mixen und in ein Cocktailglas abseihen. Spieß mit Orangenscheibe und Kirsche über den Glasrand legen.

Latin Lover

- *2 cl Tequila*
- *2 cl Zuckerrohrschnaps*
- *1 cl Limettensirup*
- *cl Ananassirup*
- *1 cl Zitronensaft*
- *Limonenscheibe*

Zutaten auf Eis im Shaker kräftig schütteln und in ein Longdrinkglas auf gestoßenes Eis abseihen. Limonenscheibe auf den Glasrand stecken.

Lemon Egg

- *8 cl Eierlikör*
- *Zitronenlimonade*
- *Limetten- oder Zitronenscheibe*

Für den Zuckerrand:

- *Zitronensaft und Zucker*

Rand eines Longdrinkglases in Zitronensaft und dann in Zucker tauchen. Eierlikör hineingeben und mit eiskalter Zitronenlimonade auffüllen. Limetten- oder Zitronenscheibe auf den Glasrand stecken.

Sunrise Cocktail

Für 4 Gläser
- *8 cl Campari*
- *4 EL Zitronensaft*
- *2 Eiweiß*
- *500 ml Zitroneneis*
- *Tonic Water*
- *8 Minzblätter*
- *4 Kirschpaare*

Campari mit Zitronensaft und Eiweiß im Shaker kräftig schütteln und mit dem Mixquirl schaumig aufschlagen. In vier Longdrinkgläser verteilen, je zwei Eiskugeln hineingeben und mit Tonic Water auffüllen. Mit grob gehackter Minze und je einem Kirschenpaar dekorieren.

Cocktail Negresco

Für 4 Gläser

- ***8 cl Campari***
- ***8 cl Vermouth Rosso***
- ***500 ml Nusseis-Mischung***
- ***Sodawasser***
- ***4 TL gehackte Haselnüsse***
- ***Zimt***

Campari und Vermouth im Rührglas mixen. Je zwei Eiskugeln in ein hohes, vorgekühltes Becherglas geben, rasch mit der Campari-Vermouth-Mischung übergießen und mit Sodawasser auffüllen. Mit Nüssen und einem Hauch Zimt bestreuen. Mit Trinkhalm servieren.

Cassis Special

- ***2 cl Cassis***
- ***Mineral- oder Heilwasser***
- ***1 Kugel Zitronensorbet***

Den Cassis in ein hohes Stielglas geben, mit eisgekühltem Wasser auffüllen und kurz umrühren. Das Zitronensorbet hinzugeben und sofort servieren.

Golden River

- *1 Eigelb*
- *12 cl Ananassaft*
- *2 cl Sahne*
- *1 Kugel Pistazieneis*
- *3 cl Crème de Cacao weiß*
- *Pistazienkerne*

Eigelb, Saft, Likör und Eis im Shaker mit zwei Eiswürfeln mixen, in eine vorgekühlte Cocktailschale geben und mit geriebenen Pistazienkernen dekorieren.

Tropical Orange

- *4 cl frisch gepresster Orangensaft*
- *4 cl frisch gepresster Grapefruitsaft*
- *4 cl Kokosnuss-Likör*
- *1 cl Zitronensaft*
- *1 TL Grenadine*
- *Orangenscheibe*
- *frische Minze*

Zutaten über Eis in ein Longdrinkglas geben. Mit Orangenscheibe und Minze garnieren.

Bronx Dry

- *2 cl frisch gepresster Orangensaft*
- *2 cl Gin*
- *2 cl Vermouth Dry*

Zutaten mit zwei bis drei Eiswürfeln im Shaker kurz schütteln und in eine Cocktailschale abseihen.

Golden Dream

- ***1,5 cl frisch gepresster Orangensaft***
- ***1,5 cl Galliano***
- ***1,5 cl Cointreau***
- ***1,5 cl Sahne***

Zutaten auf Eis im Shaker gut mischen und in ein Cocktailglas abseihen.

Paulchen Panther

- ***3 cl frisch gepresster Grapefruitsaft***
- ***3 cl frisch gepresster Orangensaft***
- ***1 cl Grand Marnier***
- ***1 Eigelb***
- ***1 cl Zuckersirup***
- ***Sodawasser***
- ***Orangen- und Grapefruitscheibe***

Säfte, Likör, Eigelb und Sirup im Shaker gut mischen und in ein Longdrinkglas abseihen. Mit Orangen- und Grapefruitscheibe dekorieren und mit Trinkhalm servieren.

Orange Fizz

- ***4 cl frisch gepreßter Grapefruitsaft***
- ***2 cl Gin***
- ***1 cl Curaçao orange***
- ***1 cl Zitronensaft***
- ***Mineralwasser***

Zutaten (ohne Mineralwasser) auf Eis im Shaker kräftig schütteln, in ein Longdrinkglas abseihen und mit Mineralwasser auffüllen.

Tropical Orange; Orange Fizz; Paulchen Panther; Bronx Dry; Golden Dream

Summerday

- *6 cl weißer Traubensaft*
- *2 cl Grapefruitsaft*
- *4 cl Orangensaft*
- *4 cl Aperol oder Campari*
- *Honigmelone*
- *Kirsche*
- *Minzzweig*

Säfte und Aperol bzw. Campari auf Eiswürfeln im Shaker mixen und in ein Longdrinkglas abseihen. Mit Melonenschiffchen, Kirsche und Minzzweig dekorieren.

Happy Together

- *5 cl Aperol*
- *3 cl Cointreau*
- *4 cl Zitronensaft*
- *8 cl Orangensaft*
- *Orangenscheiben*

Zutaten auf Eis im Shaker schütteln und in ein großes Glas abseihen. Mit Orangenscheiben und Trinkhalm servieren.

Bamboo

- *3 cl Vermouth Dry*
- *3 cl Fino Sherry*
- *1 Spritzer Orange Bitter*

Alle Zutaten auf viel Eiswürfel geben, gut verrühren und durch das Barsieb in ein vorgekühltes Cocktailglas abgießen. Eine Cocktailkirsche dazugeben.

Orange Special

- *4 cl weißer Rum*
- *Saft von 1 Orange*
- *1 cl Zuckersirup*
- *Sodawasser*

Rum, Saft und Sirup auf Eis im Shaker kräftig schütteln, über Eiswürfel in ein Longdrinkglas abseihen und mit Sodawasser auffüllen.

Shy Angel

- ***2 cl Cointreau***
- ***2 cl gelber Bananenlikör***
- ***50 cl Sahne***
- ***5 cl weißer Traubensaft***
- ***geriebene Muskatnuss***
- ***Trauben***
- ***Zitronenmelisse***

Cointreau, Likör, Sahne und Traubensaft mit zwei bis drei Eiswürfeln im Shaker gut mixen. In ein Cocktailglas abseihen und mit geriebener Muskatnuss bestreuen. Mit Weintrauben und Zitronenmelisse dekorieren.

Cointreau Fiesta

- ***2 cl Cointreau***
- ***1 cl Crème de Banane***
- ***Champagner***

Den Cointreau und den Crème de Banane mit einem Eiswürfel in ein Champagnerglas geben und mit kaltem Champagner auffüllen. Anschließend mit einer Orangenschale abspritzen und diese dazugeben.

Summernight

- ***2 cl Himbeergeist***
- ***2 cl Campari***
- ***10 cl Grapefruitsaft***
- ***Tonic Water***

Himbeergeist, Campari und Saft im Shaker mit Eis gut schütteln, in ein Longdrinkglas abseihen und mit Tonic Water auffüllen.

Pogo Stick

- ***1 cl frisch gepresster Zitronensaft***
- ***8 cl frisch gepresster Grapefruitsaft***
- ***3 cl Gin***
- ***3 cl Curaçao weiß***
- ***Grapefruitschale***
- ***Kirsche***

Säfte, Gin und Curaçao mit Eiswürfeln im Shaker mixen und in ein Longdrinkglas abseihen. Mit Grapefruitschale und Kirsche garnieren.

Marilyn

- ***2 cl Cointreau***
- ***10 cl Multivitamin-Drink***
- ***Limetten- oder Orangenscheibe***

Likör auf Eiswürfel in ein Longdrinkglas geben und mit dem Saft auffüllen. Limetten- oder Orangenscheibe auf den Glasrand stecken.

Papermoon

- ***5 cl Multivitamin-Drink***
- ***5 cl trockener Sekt***

Für den Zuckerrand:
- ***Zitronensaft und Zucker***

Rand eines Sektkelches in Zitronensaft und dann in Zucker tauchen. Saft hineingeben und mit eiskaltem Sekt auffüllen.

Marilyn; Papermoon

Trauben Tropical

- *8 cl roter Traubensaft*
- *4 cl Orangensaft*
- *2 cl Kokosnusscreme*
- *2 cl Gin*
- *3 cl Pfirsichlikör*
- *Pfirsichscheibe*
- *Kiwischeibe*
- *Kirsche*

Säfte, Kokosnusscreme, Likör und Gin auf Eis im Shaker mixen und in ein Cocktailglas abseihen. Die Früchte aufspießen und in das Glas geben.

Traubensaft Cocktail

Für 4 Gläser

- ***1/4 l weißer Traubensaft***
- ***1/4 l roter Traubensaft***
- ***1/8 l Sherry medium***
- ***2 Rhabarberstangen***
- ***Zitronenmelisse***

Rhabarberstangen schälen und in Stücke schneiden. Mit etwas weißem Traubensaft ca. fünf Minuten köcheln lassen, durch ein Sieb streichen und abkühlen lassen. Säfte in vier schlanken, hohen Gläsern verteilen, Rhabarberpüree und jeweils zwei Eiswürfel hinzufügen, gut umrühren und obenauf einen Schuss Sherry geben. Mit Zitronenmelisse dekorieren.

Bitter Dream

- ***2 cl Kräuterlikör***
- ***6 cl weißer Traubensaft***
- ***Bitter Lemon***
- ***Zitronenmelisse***

Likör und Traubensaft in ein Cocktailglas auf zerstoßenes Eis geben und gut verrühren. Mit gekühltem Bitter Lemon auffüllen. Mit Zitronenmelisse dekorieren.

Blue Hour

- ***2 cl Curaçao blue***
- ***2 cl weißer Rum***
- ***5 cl weißer Traubensaft***
- ***Tonic Water***
- ***Melonenkugeln***
- ***rote Trauben***

Curaçao, Rum und Traubensaft im Shaker mit zwei bis drei Eiswürfeln gut schütteln. In ein Glas auf gestoßenes Eis abseihen. Melonenkugeln und abgezogene, halbierte und entkernte Trauben in den Drink geben und mit Tonic Water auffüllen.

Mango Tequila

- ***5 cl Tequila***
- ***1 cl Zitronensaft***
- ***½ Mango***
- ***frische Minze***

Geschältes Mangofleisch, eine Tasse gestoßenes Eis, Tequila und Zitronensaft in einem Elektromixer pürieren und in eine große Cocktailschale abseihen. Mit Minze dekorieren.

Blue Hour

Ginger Grape

- 2 cl Cognac oder Weinbrand
- 10 cl roter Traubensaft
- Ginger Ale
- Zitronensaft
- Zucker
- Traubenrispe

Cognac bzw. Weinbrand und Traubensaft im Glas verrühren. Mit gut gekühltem Ginger Ale auffüllen. Für die Dekoration eine Traubenrispe in Zitronensaft und dann in Zucker wenden. Über den Glasrand hängen.

Light Ski

- 2 cl Doppelkorn
- 10 cl Diät-Orangen-Nektar
- 4 cl Diät-Aprikosen-Nektar
- Erdbeere
- frische Minze

Korn und Nektar auf Eis im Shaker schütteln und in ein Longdrinkglas abseihen. Mit Erdbeere und Minze dekorieren.

Juicer

- 3 cl frisch gepresster Orangensaft
- 3 cl frisch gepresster Grapefruitsaft
- 1 cl frisch gepresster Zitronensaft
- 3 cl brauner Rum
- 2 cl Amaretto

Zutaten auf Eis im Shaker mixen und in ein Longdrinkglas abseihen.

Prickelnde Grapefruit

Für 4 Gläser

- ***4 EL Orangenlikör***
- ***8 EL Grapefruitsaft***
- ***1/2 l Mineral- oder Heilwasser***
- ***4 ausgehöhlte Grapefruits***
- ***Cocktailkirschen***
- ***Grapefruitstücke***

Likör und Grapefruitsaft im Mixglas gut verrühren und auf die vier Grapefruits verteilen. Je einen Eiswürfel hineingeben und mit Mineral- oder Heilwasser auffüllen. Mit aufgespießten Kirschen und Grapefruitstücken dekorieren.

Red Hours

- *2 cl Vermouth Rosso*
- *2 cl Gin*
- *5 cl roter Traubensaft*
- *1 Spritzer Limettensaft*
- *rote Traube*

Für den Zuckerrand:

- *Limettensaft und Zucker*

Rand eines Cocktailglases in Limettensaft und dann in Zucker tauchen. Vermouth, Gin und roten Traubensaft im Mixglas mit zwei Eiswürfeln verrühren. In das Cocktailglas abseihen. Mit Limettensaft abspritzen und mit aufgespießter roter Weintraube servieren.

Blutorangen-Sekt-Mix

- *10 cl Blutorangen-Drink*
- *10 cl trockener Sekt*
- *Orangenspirale*

Für den Zuckerrand:

- *Zitronensaft und Zucker*

Rand eines hohen Glases in Zitronensaft und dann in Zucker tauchen, Blutorangen-Drink hinzugeben und mit eiskaltem Sekt auffüllen.

Moro on the Rocks

- *2 cl weißer Rum*
- *10 cl Blutorangen-Drink*
- *Orangenscheibe*

Rum auf zwei bis drei Eiswürfel in einen Tumbler geben und mit dem Blutorangen-Drink auffüllen. Mit halbierten Orangenscheiben dekorieren.

Die folgenden Drinks enthalten lediglich einen Spritzer Angostura, sind also fast alkoholfrei. Aber nur fast! Wer absolut keinen Alkohol trinken will oder darf, muss auf den aromatischen Kräuterbitter aus Trinidad verzichten. Auch wenn es sich nur um einen Spritzer handelt - Alkohol ist Alkohol.

Summer Cooler

- ***8 cl Orangen-Nektar***
- ***1 Spritzer Angostura***
- ***Bitter Lemon***
- ***Zitronenscheibe***
- ***frische Minze***

Orangensaft und Angostura im Shaker auf Eis schütteln, in ein Kelchglas geben und mit Bitter Lemon auffüllen. Mit Zitronenscheibe und Minze dekorieren.

Kater-Killer mit Honig

- ***2 TL Honig***
- ***2 cl Orangensaft***
- ***1/4 l Milch***
- ***1 Eigelb***
- ***1 Spritzer Angostura***
- ***Orangenscheibe***

Alle Zutaten im Shaker auf zwei Eiswürfeln gut schütteln und in einem hohen Glas mit Trinkhalm servieren. Orangenscheibe auf den Glasrand stecken.

HC

Apfelsaft Cocktail

- *8 cl Apfelsaft*
- *4 cl roter Johannisbeersaft*
- *1 Spritzer Angostura*
- *dünne Apfelscheibe*
- *1 Prise Zimt*

Säfte und Angostura in ein Becherglas auf gestoßenes Eis geben und umrühren. Mit einer in Zimt gewendeten Apfelscheibe und Trinkhalm servieren.

Jungle Juice

- *2 cl frisch gepresster Zitronensaft*
- *4 cl Maracuja-Nektar*
- *4 cl ungesüßter Ananassaft*
- *1 Spritzer Angostura Bitter*
- *0,1 l Mineralwasser*
- *1 Ananasecke*

Die Säfte mit Angostura und einem Schuss Mineralwasser über zwei große Eiswürfel in ein Longdrinkglas geben und mit einem Barlöffel kurz verrühren. Mit Mineralwasser auffüllen. Mit einer Ananasecke am Glasrand servieren.

Jungle Juices

Grapefruit-Honig-Drink

Für 4 Gläser

- *4 EL Honig*
- *3/8 l Grapefruitsaft*
- *4 Spritzer Angostura*
- *1/2 l Mineralwasser*
- *Zitronenspirale*

Honig, Grapefruitsaft und Angostura gut verrühren und auf Eiswürfel in vier Kelchgläser gießen. Mit Mineralwasser auffüllen und mit Zitronenspirale verzieren.

Champagner Cocktail

- ***1 Stück Würfelzucker***
- ***1 Spritzer Angostura***
- ***Champagner***
- ***Zitronenschale***
- ***Orangenscheibe***

Würfelzucker in Champagnerkelch oder -schale mit Angostura beträufeln und mit eisgekühltem Champagner auffüllen. Mit Zitronenschale abspritzen und Orangenschale auf den Glasrand stecken.

Tipp: Je nach Geschmack können Sie noch 1 cl Brandy hinzugeben.

I.B.U. Cocktail

- ***1 cl Weinbrand***
- ***1 cl Apricot Brandy***
- ***1 cl Orangensaft***
- ***Sekt oder Champagner***

Alle Zutaten außer Sekt bzw. Champagner, im Shaker gut mixen und in die Sektflöte seihen. Anschließend mit gut gekühltem Sekt oder Champagner auffüllen.

Alfonso

- ***1 Stück Würfelzucker***
- ***1 Dash Angostura Bitter***
- ***2 cl Dubonnet rot***
- ***10 cl Champagner oder Sekt***
- ***halbe Orangenscheibe***

Den Würfelzucker in die Sektschale geben und mit Angostura Bitter tränken. Zuerst Dubonnet und dann gut gekühlten Champagner oder Sekt darauf gießen. Zum Schluss die halbe Orangenscheibe auf den Glasrand stecken.

Luna Rossa

- ***3 cl Brombeerlikör***
- ***2 Spritzer Zitronensaft***
- ***Saft von 1/2 Orange***
- ***Sekt***
- ***Orangenscheibe***
- ***Cocktailkirsche***

Likör und Säfte im Shaker gut schütteln, in einen Sektkelch abseihen und mit Sekt auffüllen. Mit Orangenscheibe und Kirsche dekorieren.

Luna Rossa

Kir Blackberry

- ***2 cl Brombeerlikör***
- ***Champagner oder Sekt***
- ***Brombeere***

Brombeerlikör in Sektkelch geben, mit Sekt auffüllen und eine Brombeere hineingeben.

Buck's Fizz oder Mimosa

- ***8 cl Sekt oder Champagner***
- ***4 cl Orangensaft***

Zuerst gut gekühlten Sekt oder Champagner und dann Orangensaft in die Sekttulpe gießen.

Lucky Litschi

Für 2 Gläser

- ***4 TL milder Whisky***
- ***2 cl Grenadine***
- ***2 cl Zitronensaft***
- ***10 Tropfen Orangenbitter***
- ***2 Litschi***
- ***Sekt rosé***
- ***Zitronenscheiben***

Whisky mit Grenadine, Zitronensaft, Orangenbitter und vier Eiswürfeln im Shaker schütteln oder im Mixglas kräftig verrühren. In zwei hohe Sektkelche abseihen. Geschälte und mehrmals eingestochene Litschis hineingeben und mit gut gekühltem Sekt auffüllen. Zitronenscheibe auf den Glasrand stecken.

Lucky Litschi

Country Glory

Country Glory

- *2 cl Pfirsichlikör*
- *1 cl Obstler*
- *trockener Sekt*
- *Zitronenschale*

Likör und Obstler in einer Sektschale verrühren, mit gut gekühltem Sekt auffüllen und mit Zitronenspirale dekorieren.

French 75

- *3 cl Gin*
- *1 cl Zitronensaft*
- *1 TL Zuckersirup*
- *Champagner*

Gin, Saft und Sirup im Shaker auf Eis gut mixen, in Champagnerglas abseihen und mit Champagner auffüllen.

Kir Royal

- **1 cl Crème de Cassis**
- **Champagner**

Crème de Cassis (je nach persönlichem Geschmack kann man die Menge variieren) in einen Sektkelch geben und mit Champagner auffüllen.

Champagner Flip

- **2 cl Cognac**
- **2 cl Grand Marnier**
- **1 Eigelb**

Champagner oder Sekt Cognac, Grand Marnier und Eigelb im Shaker kräftig schütteln, in ein Sektglas abseihen und mit kaltem Champagner bzw. Sekt auffüllen.

Hastings

- **1 cl Calvados**
- **1 cl Apfelsaft**
- **1 cl Himbeerlikör**
- **Champagner**
- **Himbeere**
- **Apfelscheibe**
- **Minze**

Calvados, Apfelsaft und Likör in einem Sektkelch verrühren und mit Champagner auffüllen. Mit Himbeere, Minze und Apfelscheibe dekorieren.

Bellini

- *5 cl Pfirsichsaft*
- *1 Spritzer Apricot Brandy*
- *Champagner*

Pfirsichsaft und Apricot Brandy im Champagnerkelch verrühren und mit Champagner auffüllen.

Campari Royal oder C.C. (Aperol Royal)

- *2 cl Campari (Aperol)*
- *10 cl trockener Sekt oder Champagner*

Campari (Aperol) in den Sektkelch gießen und mit gut gekühltem Sekt oder Champagner auffüllen.

Champagner à l'Orange

- *2 cl Grand Marnier*
- *6 cl Orangensaft*
- *Champagner*

Grand Marnier und Orangensaft im Shaker auf Eiswürfeln gut schütteln, in Champagnerkelch abseihen und mit Champagner auffüllen.

Champagner à l'Orange

Ohio

- *2 Spritzer Angostura Bitter*
- *2 cl Vermouth Rosso*
- *2 cl Canadian Whisky*
- *2 cl Curaçao orange*
- *Champagner/Sekt*
- *Cocktailkirsche*

Die Zutaten ohne Champagner/Sekt im Rührglas mit Eiswürfeln gut vermischen und durch das Barsieb in ein Champagnerglas abgießen. Mit kaltem Champagner/ Sekt auffüllen und eine Cocktailkirsche dazugeben.

Flying (Lady)

- *2 cl Zitronensaft*
- *2 cl Curaçao weiß oder Cointreau*
- *2 cl Gin*
- *trockener Sekt oder Champagner*

Die Zutaten ohne Champagner/Sekt mit Eiswürfeln im Shaker kräftig schütteln und durch das Barsieb in ein großes Champagnerglas abgießen. Anschließend mit gut gekühltem Sekt oder Champagner auffüllen.

Black Velvet

- ***10 cl Stout (dunkles englisches Bier)***
- ***10 cl Champagner oder Sekt***

Beide Zutaten gleichzeitig in die Biertulpe gießen.

Champagner Cocktail 2 oder Champagner Cocktail Modern Style

- ***1 Stück Würfelzucker***
- ***1 Spritzer Angostura Bitter***
- ***1 cl Cognac***
- ***1 cl Grand Marnier oder Cointreau***
- ***Champagner oder Sekt***
- ***Orangenschale***

Den Würfelzucker in einen Champagnerkelch geben und mit Angostura Bitter tränken. Einen Eiswürfel dazugeben und mit kaltem Champagner/Sekt auffüllen. Mit einer Orangenschale abspritzen und diese dazugeben.

Champagner Julep

- ***ca. 10 Minzeblätter***
- ***1 Barlöffel Streuzucker***
- ***2 cl klares Wasser***
- ***6 cl Cognac***
- ***trockener Sekt oder Champagner***

In ein großes, hohes Longdrinkglas die Minzeblätter, den Streuzucker und das Wasser geben. Mit dem Holzstößel oder Barlöffel die Blätter gut zerdrücken. Das Glas bis zur Hälfte mit fein zerschlagenem Eis füllen, mit dem Barlöffel gut vermischen und so lange rühren, bis das Glas beschlagen ist. Den Cognac dazugießen und nochmals umrühren. Ein oder zwei Minzezweige anfeuchten, die Blätter einritzen und diese an den Glasrand stellen. Das Glas mit zerschlagenem Eis auffüllen und so lange umrühren, bis das ganze Glas frostig ist. Die Minzezweige dabei festhalten. Anschließend mit gut gekühltem Sekt oder Champagner auffüllen.

Rondo

- 3 cl Pfirsichlikör
- 1 cl Wodka
- Pfirsich
- trockener Sekt

Pfirsich mit der Gabel einstechen und in ein Ballonglas geben. Mit Likör und Wodka beträufeln und mit Sekt auffüllen.

Golden Fire

Für 2 Gläser
- ***4 cl Wacholderbranntwein***
- ***Saft einer Grapefruit***
- ***Saft einer Orange***
- ***Sekt***
- ***frische Minze***
- ***Orangenscheiben***

Wacholderbranntwein in zwei Longdrinkgläser geben. Die frisch gepressten Säfte hinzufügen und mit Sekt auffüllen. Mit Minze und Orangenscheibe verzieren.

Prince of Wales

- **2 Spritzer Angostura Bitter**
- **1 cl Curaçao orange**
- **2 cl Cognac**
- **Champagner oder Sekt**
- **1 halbe Orangenscheibe**
- **2 Cocktailkirschen**

In ein mittelgroßes Longdrinkglas einige Eiswürfel geben. Angostura Bitter, Curaçao orange und Cognac dazugießen und mit kaltem Champagner/Sekt auffüllen. Eine halbe Orangenscheibe und zwei Cocktailkirschen dazugeben.

Champerno

- **2 cl Pernod**
- **10 cl trockener Sekt oder Champagner**

Pernod in den Sektkelch gießen und mit gut gekühltem Sekt oder Champagner auffüllen.

Caribbean Royal

- **1 cl Orangensaft**
- **1 cl Ananassaft**
- **1 cl Mango-Zitronen-Nektar**
- **1 cl Apricot Brandy**

- **Sekt**
- **Ananasstück**
- **Kirsche**

Säfte und Likör im Shaker auf Eis gut schütteln, in Sektkelch abseihen und mit Sekt auffüllen. Mit Ananasstück und Kirsche dekorieren.

Ritz Champagner Cocktail

- *2 cl Cognac oder Weinbrand*
- *2 cl Curaçao weiß oder Cointreau*
- *2 cl Orangensaft*
- *Champagner oder Sekt*

Alle Zutaten mit Ausnahme des Champagners im Shaker gut mixen und in die Sektschale seihen. Anschließend mit gut gekühltem Champagner oder Sekt auffüllen.

Peach Royal

- *3 cl Pfirsichlikör*
- *5 cl frisch gepresster Orangensaft*
- *Sekt*

Gut gekühlten Pfirsichlikör und Orangensaft im Sektkelch gut vermischen und mit kaltem Sekt auffüllen.

Peach Royal

French 76

- *1-2 cl Zuckersirup*
- *2-3 cl Zitronensaft*
- *4 cl Wodka*
- *Champagner oder Sekt*

Die Zutaten ohne Champagner/Sekt mit Eiswürfeln im Shaker kräftig schütteln und durch das Barsieb in ein großes Champagnerglas abgießen. Mit kaltem Champagner/Sekt auffüllen.

Royal Wild Strawberry

- *1 cl Fraise des Bois (Waldbeerlikör)*
- *10 cl Champagner Brut oder trockener Sekt*

Den Fraise des Bois in ein Champagnerglas geben und mit kaltem Champagner/Sekt auffüllen.

Kir Imperial

- *1-2 cl Amaretto*
- *9-10 cl Champagner oder Sekt*

Amaretto in einen Sektkelch gießen und mit gut gekühltem Sekt oder Champagner auffüllen.

Gipsy

- **4-6 cl Aperol**
- **2 cl Orangensaft**
- **1 Spritzer Angostura Bitter**

Aperol, Orangensaft und Angostura auf viel Eis im Shaker kräftig schütteln, in ein vorgekühltes Sektglas abseihen und mit kaltem Sekt auffüllen.

Movie Star

- **4 cl Kiwilikör**
- **6 cl Mangosaft**
- **2 cl Grapefruitsaft**
- **Sekt**

Likör und Säfte im Longdrinkglas mit Eis verrühren und mit gut gekühltem Sekt auffüllen.

Apricot Cocktail

- **3 cl Apricot Brandy**
- **3 cl Zitronensaft**
- **1 cl Weinbrand**
- **Sekt**

Likör, Saft und Weinbrand im Shaker mixen, in Sektglas abseihen und mit eisgekühltem Sekt auffüllen.

Testarossa

- **1/3 Himbeermark**
- **2/3 Spumante oder Sekt**

Für das Himbeermark braucht man frische Himbeeren, die man im elektrischen Aufsatzmixer püriert. Das Himbeermark sollte kühl aufbewahrt werden. Das Himbeermark in die Sekttulpe geben und mit gut gekühltem Spumante oder Sekt auffüllen.

Mandarin-Fizz Ätna

- **2 cl Tequila**
- **2 cl Mandarinensirup**
- **Sekt**

Tequila und Sirup in ein Sektglas geben und mit Sekt auffüllen.

Red Royal

- **2 cl Red Orange Liqueur**
- **trockener Sekt**
- **Orangenscheibe**

Likör in eine Sektschale geben, mit kaltem Sekt auffüllen und mit Orangenscheibe dekorieren.

Golden Star

Für 2 Gläser

- ***4 cl Orangenlikör***
- ***10 Tropfen Angostura Bitter***
- ***Sekt***
- ***Sternfruchtscheiben***
- ***Minzeblätter***

Orangenlikör und Angostura in Sektschalen gießen und mit gut gekühltem Sekt auffüllen. Sternfruchtscheiben und Minze hineingeben.

Caribbean Star

Für 2 Gläser
- **4 cl Weinbrand**
- **4 cl Limettensaft**
- **2 cl Maracujasirup**
- **2 Cocktailkirschen**
- **Sekt**
- **Sternfrucht**

Weinbrand mit Limettensaft, Sirup und vier Eiswürfeln im Shaker schütteln oder im Mixglas kräftig verrühren. In Cocktailgläser abseihen, je eine Kirsche hineingeben und mit Sekt auffüllen. Sternfruchtscheibe obenauf legen oder auf den Glasrand stecken.

Dizzy Lizzie

- *4 cl Jambosala*
- *1 cl Williams-Birnengeist*
- *1 cl Zitronensaft*
- *1 TL Grenadine*
- *trockener Sekt*
- *1/2 Orangenscheibe*
- *Cocktailkirsche*
- *frische Minze*

Jambosala, Birnengeist, Saft und Grenadine in einen Sektkelch geben und mit kaltem, trockenem Sekt auffüllen. Mit Orangenscheibe, Kirsche und Minze dekorieren.

Red Moon

- *2 cl Bourbon*
- *2 cl Portwein*
- *0,5 cl Grenadine*
- *Champagner*
- *Erdbeere*

Whisky, Portwein und Grenadine im Shaker auf Eis schütteln und in eine Cocktailschale abseihen. Mit Champagner auffüllen und mit Erdbeere dekorieren.

Number One

- *3 cl Vermouth Rosso*
- *1 cl Brandy*
- *Sekt*
- *Sternfrucht*

Vermouth und Brandy in Sektkelch geben und mit gut gekühltem Sekt auffüllen. Mit Sternfrucht dekorieren.

Blue Tango

- ***2 cl Curaçao blue***
- ***trockener Sekt***
- ***Weintraube***

Curaçao in einen Sektkelch geben, mit kaltem Sekt auffüllen und eine Weintraube hineingeben.

Goldtaler

- ***2 cl Haselnusslikör***
- ***1 cl Weinbrand***
- ***Sekt***
- ***geschälte Haselnuss***

Likör und Weinbrand mit Sekt auffüllen und mit Haselnuss dekorieren.

Shaft

- ***3 cl Aperol***
- ***3 cl Gin***
- ***trockener Sekt***
- ***1/2 Orangenscheibe***

Aperol und Gin in ein Longdrinkglas auf Eis gießen und mit sehr kaltem Sekt auffüllen. Orangenscheibe auf den Glasrand stecken.

Grand Champagner

- ***2 cl Grand Marnier***
- ***2 cl Orangensaft***
- ***1 Spritzer Zitronensaft***
- ***1 Spritzer Angostura***
- ***Champagner***

Grand Marnier, Säfte und Angostura im Shaker auf Eiswürfeln kräftig schütteln, in Champagnerkelch abseihen und mit Champagner auffüllen.

Champ

- ***2 cl Vermouth Dry***
- ***Champagner***

Vermouth in einen Champagnerkelch geben und mit eisgekühltem Champagner auffüllen.

Tipp: Wenn Sie es lieblicher mögen, können Sie den Drink auch mit Vermouth Rosso zubereiten. Er heißt dann „Tropical" und ist rötlich.

Gala Rosé

Für 2 Gläser

- ***6 cl Pfirsichlikör***
- ***2 Spritzer Orangenbitter***
- ***Sekt rosé***
- ***Limetten- oder Zitronenscheiben***

Pfirsichlikör und Orangenbitter in zwei Sektkelche gießen und mit Sekt auffüllen. Je eine Limetten- oder Zitronenscheibe hineingeben.

Kiwi Kir Royal

- 2 cl Kiwilikör
- trockener Sekt oder Champagner
- Kiwischeibe

Den Kiwilikör in eine Sektschale geben und mit Sekt oder Champagner aufgießen. Kiwischeibe hineingeben.

Abendrot

- 2 cl Birnengeist
- 1 cl Orangenlikör
- Sekt
- 1/2 cl Grenadine
- Cocktailkirsche mit Stiel

Birnengeist und Likör in eine Sektschale geben, mit Sekt auffüllen und Grenadine einfließen lassen. Kirsche hineingeben.

Roter Korsar

- *1 cl weißer Rum*
- *1 cl Orangenlikör*
- *2 cl Kirsch-Fruchtsaftgetränk*
- *trockener Sekt*
- *1/2 Orangenscheibe*
- *Kirsche mit Stiel*

Rum, Likör und Saft in eine Sektschale geben und mit Sekt auffüllen. Kirsche hineingeben und Orangenscheibe auf den Glasrand stecken.

Chicago

- *2 cl Cognac*
- *1 TL Curaçao orange*
- *1 Spritzer Angostura*
- *Champagner*

Cognac, Curaçao und Angostura auf Eis im Mixglas verrühren und in einen Sektkelch abseihen. Mit Champagner auffüllen.

Tipp: Statt Curaçao können Sie auch Cointreau verwenden.

Southern Dream

- *4 cl Southern Comfort*
- *4 cl Kirschsaft*
- *1 cl Grenadine*
- *trockener Sekt*
- *Kirsche*

Für den Zuckerrand:

- *Zitrone und Zucker*

Den Rand eines Cocktailglases in Zitronensaft und Zucker tauchen. Likör, Kirschsaft und Grenadine im Shaker auf Eiswürfeln gut schütteln. In das Cocktailglas abseihen, mit Sekt auffüllen und Kirsche hineingeben.

Maibowle

Für 4 Personen

- ***1 Büschel Waldmeister ohne Blüten***
- ***2 Flaschen milder Weißwein***
- ***1 Honigmelone***
- ***5 EL Crème de Menthe grün***
- ***1 Flasche Sekt***

Das Waldmeisterbüschel waschen, trocken tupfen, an einen Holzlöffelstiel binden und in ein Bowlegefäß hängen. Mit dem gut gekühlten Weißwein übergießen. Abgedeckt an einem kühlen Platz etwa eine halbe Stunde ziehen lassen. Die Melone halbieren, entkernen und mit einem Kugelausstecher Kugeln aus dem Fruchtfleisch lösen. Waldmeister aus dem Gefäß nehmen, die Melonenkugeln und den Pfefferminzlikör hineingeben. Mit dem gut gekühlten Sekt auffüllen und umrühren.

Sommernachts-bowle

Für 6-8 Personen

- ***500 g frische Sauerkirschen***
- ***2 reife Birnen***
- ***1 Orange***
- ***4 cl Kirschlikör***
- ***Saft von 1 Orange***
- ***1 EL Zucker***
- ***1/2 Zimtstange***
- ***2 Flaschen Roséwein***
- ***1 Flasche Sekt***

Kirschen waschen und entsteinen. Birnen schälen und in Spalten schneiden. Orangen inklusive der weißen Haut schälen und in dünne Scheiben schneiden. Alle Früchte in ein Bowlegefäß geben. Mit Kirschlikör, Orangensaft, Zucker und Zimtstange vermischen. Mit gut gekühltem Roséwein bedecken. Zugedeckt drei bis vier Stunden im Kühlschrank durchziehen lassen. Kurz vor dem Servieren die Zimtstange herausnehmen. Mit dem restlichen Wein und dem eisgekühlten Sekt auffüllen.

Sangria

Für 4 Personen

- ***1 l Rotwein***
- ***1/2 l frisch gepresster Orangensaft***
- ***1 Zucker-Melone***
- ***2 Orangen***

Das Fruchtfleisch der Melone in Stücke schneiden oder Kugeln ausstechen. Die Orangen in dünne Scheiben schneiden. Zusammen in einen Bowlenkrug geben, Orangensaft und Rotwein hinzufügen, eventuell mit Zucker süßen. Eine Stunde ziehen lassen und mit Eiswürfeln servieren.

Traubensaft-Bowle

Für 4-6 Personen

- ***1 l weißer Traubensaft***
- ***1 l Weißwein***
- ***200 g grüne Weintrauben***
- ***1 Flasche Sekt***

Die Trauben entkernen, abziehen und halbieren. In ein Bowlegefäß geben, Traubensaft und Weißwein hinzufügen. Kühl stellen und ziehen lassen. Kurz vor dem Servieren mit Sekt auffüllen.

Sommer-Zitrus-Bowle

Für 4 Personen

- ***4 Orangen***
- ***4 Grapefruits***
- ***4 EL Zucker***
- ***10 cl Amaretto***
- ***1 l trockener Weißwein***
- ***Saft von 1/2 Zitrone***
- ***0,75 l trockener Sekt***
- ***1-2 Zweige Zitronenmelisse***
- ***Orangen- und Zitronenscheiben***

Orangen und Grapefruits inklusive der weißen Haut abschälen. Fruchtfilets mit scharfem Messer zwischen

den Trennhäuten herauslösen und den Saft auffangen. Restsaft aus den Trennhäuten herausdrücken und hinzufügen. Fruchtfilets und -saft in ein Bowlegefäß geben, mit Zucker bestreuen

und mit Amaretto übergießen. Früchte ca. eine Stunde zugedeckt ziehen lassen. Gut gekühlten Weißwein zufügen, mit Zitronensaft abschmecken und mit eisgekühltem Sekt auffüllen. Mit Zitronenmelisse, Orangen- und Zitronenscheiben dekorieren.

Exotische Fruchtbowle

Für 4-6 Personen

- ***4 Kiwifrüchte***
- ***1 kleine Ananas***
- ***1 Mangofrucht***
- ***1 Papayafrucht***
- ***200 g Zucker***
- ***2 Päckchen Vanillezucker***
- ***1 Flasche Orangensaft***
- ***2 Flaschen Weißwein***
- ***1 Flasche Mineral- oder Heilwasser***
- ***2 Bund Zitronenmelisse***

Die Kiwifrüchte schälen und in Scheiben schneiden. Die Ananas schälen, den Strunk herausschneiden und würfeln. Die Mangofrucht schälen, den Kern herauslösen und das Fruchtfleisch würfeln. Die Papayafrucht schälen, halbieren, die Kerne mit einem Teelöffel herausschaben und die Frucht in Würfel schneiden. Alle Früchte in ein Bowlegefäß geben, mit dem Zucker und Vanillezucker bestreuen und ca. 15 Minuten im Kühlschrank ziehen lassen. Den gut gekühlten Orangensaft, den Weißwein und das Wasser angießen, Eiswürfel unterziehen und weitere 30 bis 40 Minuten kühl stellen.

Die gewaschene, klein geschnittene Zitronenmelisse kurz vor dem Servieren unter die Bowle ziehen.

Tropical Punch

Für ca. 40 Gläser

- ***0,7 l weißer Rum***
- ***0,7 l brauner Rum***
- ***1,4 l Ananassaft***
- ***0,7 l Orangensaft***
- ***0,7 l Grapefruitsaft***
- ***0,5 l heller Kirschsaft***
- ***10 cl Grenadine***
- ***1-2 Spritzer Angostura Bitter***
- ***Orangenscheiben und Kirschen***

Rum, Säfte, Grenadine und Angostura in ein Bowlegefäß geben. Wenn der Punch zu süß ist, etwas Zitronensaft hinzufügen. Ist er zu herb, mit Grenadine nachsüßen. Einige Stunden kühl stellen und dann umrühren. In Gläsern auf Eiswürfeln servieren und mit Orangenscheiben und Kirschen dekorieren.

Kirsch-Bowle

Für 4-6 Personen

- ***5 EL Zucker***
- ***5 EL Wasser***
- ***500 g entsteinte Schattenmorellen (tiefgekühlt oder frisch)***
- ***1/8 l weißer Portwein***
- ***2 Flaschen Roséwein***
- ***1 Flasche Sekt***
- ***Minzblättchen***

Zucker und Wasser zum Kochen bringen und zwei Minuten köcheln lassen. Die gefrorenen Kirschen dazugeben, verrühren und in ein Bowlegefäß gießen. Den Portwein dazugeben. Drei Stunden durchziehen lassen. Mit dem gut gekühlten Roséwein und Sekt auffüllen. Mit Minzblättchen dekorieren.

Rosa Apfel-Bowle

Für 6 Personen

- ***2 l Apfelsaft***
- ***2 Stücke Zimtstange (à 3 cm)***
- ***2 Nelken***
- ***2 Äpfel***
- ***Weinglas Weinbrand***
- ***1 EL heller Blütenhonig***
- ***1 Flasche roter Sekt***
- ***300 g tiefgekühlte Erdbeeren oder Himbeeren***
- ***Minz- oder Melissezweige***

Je eine Zimtstange und eine Nelke in die Apfelsaftflaschen geben, verschließen und kalt stellen. Äpfel waschen, vierteln, entkernen und in dünne Scheiben schneiden. In ein Bowlegefäß geben, mit Weinbrand und Honig mischen und eine Stunde ziehen lassen. Den Apfelsaft durch ein Sieb hinzufügen und die Beeren dazugeben. Kurz vor dem Servieren mit rotem Sekt auffüllen und mit Minz- oder Melissezweigen dekorieren.

Bananen-Beeren-Bowle

Für 4 Gläser

- ***300 g Beeren***
- ***100 g Zucker***
- ***4 mittelgroße Bananen***
- ***1/8 l Weinbrand***
- ***0,7 l nicht zu trockener Weißwein***
- ***0,7 l halbtrockener Sekt***
- ***Zitronenmelisse***

Beeren waschen und trockentupfen. Bananen schälen, in nicht zu dicke Scheiben schneiden und einige Zeit in Weinbrand ziehen lassen. Kurz vor dem Servieren die Beeren und Bananenscheiben in ein Bowlegefäß geben, mit gut gekühltem Wein und Sekt aufgießen und in Bowlegläser füllen. Mit Zitronenmelisse dekorieren.

Tipp: Sie können die Bowle mit nur einer Beerensorte zubereiten oder zum Beispiel Brombeeren, rote und schwarze Johannisbeeren mischen.

Johannisbeer-Brombeer-Bowle

Für 6-8 Personen

- ***500 g rote Johannisbeeren***
- ***250 g Brombeeren***
- ***2 Limetten***
- ***1 EL Puderzucker***
- ***1/4 l roter Johannisbeersaft***
- ***4 cl Brombeerlikör***
- ***2 Flaschen Roséwein***
- ***1 Flasche Sekt***
- ***Zitronenmelisse***

Johannisbeeren und Brombeeren waschen. Limetten schälen und in dünne Scheiben schneiden. Alle Früchte in ein Bowlegefäß geben und mit Puderzucker bestreuen. Mit Brombeerlikör vermischen. Johannisbeersaft darüber gießen und mit Roséwein auffüllen, bis die Früchte bedeckt sind. Im Kühlschrank drei bis vier Stunden ziehen lassen. Kurz vor dem Servieren mit dem restlichen Wein und dem eisgekühlten Sekt auffüllen. Mit Zitronenmelisse servieren.

Kaffee Abstrakt

Für 2 Tassen

- ***$^{1}/_{4}$ l starker Kaffee***
- ***4 cl Maraschino***
- ***4 cl Cognac***
- ***1 Spritzer Angostura***
- ***Zucker***
- ***Nelkenpulver***

Kaffee kochen und erkalten lassen. In zwei Tassen geben, Cognac, Maraschino und Angostura hinzufügen. Mit etwas Nelkenpulver würzen und nach Geschmack zuckern.

Mazagran

- ***$^{1}/_{2}$ Tasse starker Kaffee (Mokka)***
- ***1 Likörglas Maraschino***
- ***1 Likörglas Cognac***
- ***1 Spritzer Angostura***
- ***Zucker***
- ***Nelkenpulver***

Kaffee zubereiten und abkühlen lassen. Den kalten Kaffee auf Eisstückchen in ein Glas geben, Cognac, Maraschino und Angostura hinzufügen. Je nach Geschmack süßen und mit Nelkenpulver würzen. Mit Trinkhalm servieren.

Coffee Cobbler Bourbon

- ***1 Tasse starker Kaffee***
- ***1 Likörglas Bourbon***
- ***1 Likörglas Mokkalikör***

Kaffee zubereiten und abkühlen lassen. Gestoßenes Eis in ein hohes, schlankes Glas füllen. Whiskey und Likör dazugeben und mit dem kalten Kaffee auffüllen. Je nach Geschmack süßen.

Café-Chocolat Flip

- ***3-4 Messerspitzen löslicher Kaffee***
- ***2 EL löslicher Kakao***
- ***1 Ei***
- ***2 Gläschen Maraschino***
- ***2 Gläschen Zitronen- oder Orangenlikör***
- ***2 TL Puderzucker***
- ***2-3 Maraschinokirschen***
- ***etwas Schlagsahne***

Alle Zutaten in einen Mixbecher geben und gut schaumig schlagen. In einen Sektkelch geben und mit Schlagsahne und den Kirschen verzieren.

Café-Chocolat Flip

Café Acapulco

- *knapp 1/4 l Wasser*
- *1 gehäufter TL löslicher Kaffee*
- *40 g Puderzucker*
- *1 kleines Likörglas Rum*
- *Zitronensaft*
- *Zitronenscheibe*

Den löslichen Kaffee und den Puderzucker in kaltem Wasser auflösen. Mit Rum und Zitronensaft abschmecken. In ein Longdrinkglas auf Eiswürfel gießen, Zitronenscheibe auf den Glasrand stecken und mit Trinkhalm eiskalt servieren.

African Queen

Für 2 Gläser

- ***1 Gläschen Mangosaft***
- ***1 Gläschen Vermouth Rosso***
- ***1 Tasse starker Kaffee (Mokka)***
- ***1 Prise geriebene Muskatnuss***
- ***Mineralwasser***
- ***1 Stück Mango***
- ***1 Dattel***

Den Mangosaft, Vermouth und kalten Kaffee gut vermischen und mit Muskatnuss würzen. Auf zwei Longdrinkgläser verteilen und mit Mineralwasser auffüllen. Das Mangostück auf den Glasrand stecken, einen Trinkhalm durch die Dattel ziehen und kalt servieren.

Marillen-Café

Für 4 Personen

- ***4-5 Messlöffel à 6 g Kaffee***
- ***4 TL Zucker***
- ***8 frische Aprikosen***
- ***4 EL Marillenlikör***
- ***125 g Schlagsahne***
- ***100 g Pistazien***
- ***4 Partyspieße***

Kaffee filtern, süßen, abdecken und sofort erkalten lassen. Inzwischen die Aprikosen häuten und entkernen. Die Hälfte der Aprikosen klein schneiden und eine halbe Stunde im Marillenlikör ziehen lassen. Die Sahne steif schlagen und die Pistazien grob hacken. Die übrigen Aprikosen halbiert auf Partyspieße stecken und in vier hohe Kaffeetassen setzen. Die in Likör eingeweichten Früchte hineingeben, mit dem kalten Kaffee aufgießen und mit Pistazien-Sahnehaube servieren.

Eiskaffee Karibik

Für 4 Gläser

- ***4-5 Messlöffel à 6 g Kaffee***
- ***0,5 l Wasser***
- ***4 große Kugeln Vanilleeis***
- ***8 cl weißer Rum***

Kaffee filtern und sofort abkühlen. Mit vier großen Kugeln Vanilleeis verschlagen und den Rum hinzufügen. Mit Eiswürfeln im Glas servieren.

Café La Bamba

Für 4 Gläser

- ***4-5 Messlöffel à 6 g Kaffee***
- ***0,5 l Wasser***
- ***8 cl Eierlikör***
- ***0,25 l Orangensaft***
- ***8 TL Rohrzucker***
- ***Orangenscheibe***
- ***Zitronenmelisse***

Kaffee filtern und schnell abkühlen lassen. Eierlikör unterrühren und mit Orangensaft auffüllen. Mit Rohrzucker je nach Geschmack süßen und in hohe Gläser füllen. Mit Orangenscheibe und Melisse dekorieren.

Eiscafé flambiert

Für 4-6 Personen

- **4 gehäufte TL löslicher Kaffee**
- **2 Tassen Wasser**
- **1 Päckchen Vanillezucker**
- **1/2 Packung Vanilleeis**
- **1/2 Packung Nusseis**
- **4 Likörgläser Cognac**
- **4-8 Stück Würfelzucker**

Den Kaffee mit zwei Tassen warmem Wasser auflösen und den Vanillezucker hinzufügen. Abkühlen lassen. Das Eis auf vier bis sechs hohe Becher (möglichst aus dickwandigem Glas) verteilen und mit dem kalten Kaffee auffüllen. In einem kleinen Kupfertöpfchen den Cognac mit dem Würfelzucker erhitzen, anzünden und brennend über den Eiscafé gießen.

Tee-Cocktail

Für 4-6 Gläser

- ***1 kleine Dose Loquats oder Lychees***
- ***1/8 l Vermouth Bianco***
- ***1/2 l Wasser***
- ***5 TL schwarzer Tee oder 3-4 Teebeutel***
- ***50 g Kandis***
- ***1/4 l Orangensaft***

Loquats bzw. Lychees auf einem Sieb abtropfen lassen und den Saft auffangen. Früchte mit Vermouth begießen und ca. sechs Stunden ziehen lassen. Tee und Kandis mit kochendem Wasser aufgießen, ca. fünf Minuten ziehen lassen, abgießen und kalt stellen. Kalten Tee, Orangensaft und den Loquats- bzw. Lycheesaft über die Früchte geben, umrühren und auf die Gläser verteilen.

Champagner-Tee

Für 4 Gläser

- ***4 TL schwarzer Tee***
- ***1/4 l Wasser***
- ***12 Stück Würfelzucker***
- ***2 unbehandelte Zitronen***
- ***2 Flaschen Sekt***

Den Tee mit kochendem Wasser aufbrühen, Würfelzucker hinzugeben, ca. fünf Minuten ziehen lassen und dann abgießen. Mit dem Saft einer halben Zitrone und der Schale einer ganzen Zitrone kalt stellen. Den kalten Tee mit dem Sekt auffüllen und drei Zitronenscheiben hineingeben.

Abendbrise

Für 4 Gläser

- ***3 Beutel Früchtetee***
- ***3/4 l Wasser***
- ***Süßstoff***
- ***8 cl Himbeergeist***
- ***1 Tasse Himbeeren***
- ***4 Aprikosen***

Den Tee mit dem kochenden Wasser übergießen, je nach Geschmack süßen, ziehen und erkalten lassen. Himbeeren und klein geschnittene Aprikosen mit Himbeergeist vermischen und eine halbe Stunde durchziehen lassen. Gestoßenes Eis und darüber die Früchte in vier Gläser geben und mit dem erkalteten Tee auffüllen.

Lemon Tea

Für 8 Gläser

- **5 TL English Tea**
- **3/4 l Wasser**
- **5 unbehandelte Zitronen**
- **150 g Zucker**
- **2 Gläschen Weinbrand**

Den Tee mit kochendem Wasser übergießen und je nach Geschmack drei bis fünf Minuten ziehen lassen. Zitronen waschen, schälen, die Schale in den Tee geben, etwas ziehen lassen und wieder entfernen. Zitronensaft, Zucker, Weinbrand und Eiswürfel in den erkalteten Tee geben und servieren.

Cocody

Für 2 Personen

- ***1 Kokosnuss***
- ***1/8 l Kokosmilch***
- ***250 g Buttermilch***
- ***1 kleine Banane***
- ***1 EL Zucker***
- ***1 Päckchen Vanillezucker***
- ***2 cl weißer Rum***
- ***1 Ananasring***

Die Augen der Kokosnuss mit einem Nagel anstechen, die Milch herauslaufen lassen und auffangen. Dann die Kokosnuss abklopfen, bis sie in zwei Hälften zerfällt. Fruchtfleisch stückweise vorsichtig herauslösen. Kokosnussmilch mit Buttermilch verquirlen, Banane zerdrücken und mit Zucker, Vanillezucker und Rum untermixen. Drink in zwei hohe Gläser füllen, mit Ananas dekorieren und in die mit gestoßenem Eis gefüllten Kokosnussschalen stellen. Mit Trinkhalmen servieren.

Dickmilch-Cocktail

Für 4 Gläser

- ***1 kleine Dose Aprikosen***
- ***Saft von 1 Zitrone***
- ***500 g Sahnedickmilch***
- ***1 Piccolo Sekt***
- ***1/2 TL gestoßene Korianderkörner***
- ***2 Stengel Zitronenmelisse***

Aprikosen mit Sirup, Zitronensaft und Dickmilch im Mixer pürieren. Die Aprikosen-Dickmilch mit dem Sekt mischen, mit einem Hauch frisch gestoßenem Koriander würzen und durchrühren. Auf vier hohe Longdrinkgläser mit jeweils zwei Eiswürfeln verteilen und mit je einem Stengel Zitronenmelisse servieren.

Schoko-Lady

Für ca. 10 Gläser

- ***300 g Schoko-Milch***
- ***15 cl Mandellikör***

Kalte Schoko-Milch (Fertigprodukt) und Mandellikör gut mischen und in Likörgläsern servieren.

Blondie

Für 4 Personen

- ***150 g reife Aprikosen (entsteint)***
- ***300 g reife Pfirsiche (entsteint)***
- ***30 g Zucker***
- ***1 Päckchen Vanillezucker***
- ***Saft von 1 Zitrone***
- ***500 g Buttermilch***
- ***2 cl Aprikosenlikör***
- ***4 Kugeln Vanilleeis***

Obst waschen, entsteinen und klein schneiden. Zusammen mit Zucker, Vanillezucker und Zitronensaft in den Elektromixer geben und pürieren. Bei kleinster Stufe Buttermilch und Aprikosenlikör dazugießen. In vier kleine Dessertgläser füllen und je eine Eiskugel hineingeben.

Rote Johanna

Für 4 Personen

- ***300 g rote Johannisbeeren***
- ***3 EL Zucker***
- ***2 cl Weinbrand***
- ***500 g Kefir (1,5 % Fett)***

Johannisbeeren waschen, abzupfen und grob zerdrücken. Zusammen mit dem Zucker und dem Weinbrand in den Elektromixer geben. Durchmixen und bei kleinster Stufe die Buttermilch dazugießen. Kräftig durchmixen, in Gläser füllen und sofort servieren.

Bromillchen

Für 4 Personen

- ***250 g frische Brombeeren***
- ***50 g Zucker***
- ***2 cl Eierlikör***
- ***500 g Kefir (1,5 % Fett)***
- ***0,1 l süße Sahne***

Brombeeren waschen, verlesen und grob zerdrücken. Zusammen mit dem Zucker im Elektromixer pürieren. Bei kleinster Stufe Eierlikör und Kefir unterrühren. In Schalengläser füllen. Mit geschlagener Sahne und Brombeere dekorieren.

**Blondie;
Rote Johanna; Bromillchen**

Cafe à l'Orange

- *1 unbehandelte Orange*
- *1/8 l starker löslicher Kaffee*
- *Zucker*
- *5 cl Cognac*
- *2 EL geschlagene Sahne*
- *1 TL Orangenlikör*

Die Orange spiralförmig schälen. Ein Stück Orangenschale sehr fein hacken. Einen Teelöffel gehackte Orangenschale in einer Tasse mit dem Cognac übergießen. Einige Minuten ziehen lassen. Starken Kaffee aufgießen, schwach süßen und in die Tasse füllen. Die gesüßte Schlagsahne mit dem Orangenlikör vermischen und auf den Kaffee geben. Mit etwas Kaffeepulver bestreuen und mit der Orangenspirale dekorieren.

Café Brûlot

Für 6 Tassen

- *1 Orange*
- *40 Gewürznelken*
- *Schale von 1 Zitrone*
- *1 Zimtstange*
- *16 Stück Würfelzucker*
- *3 EL Rum*
- *6 Tassen starker, heißer Kaffee*

Orange mit den Gewürznelken spicken. Zitronenschale, Zimtstange und Würfelzucker mit dem Rum erhitzen. Nach einigen Minuten den heißen Kaffee darüber geben. In hohen Tassen oder Gläsern servieren.

Pharisäer

- *1 TL Zucker*
- *1 TL löslicher Kakao*
- *1 Likörglas Rum*
- *1-2 TL löslicher Kaffee*
- *Schlagsahne*

Eine drei viertel Tasse starken Kaffee aufgießen. In einer vorgewärmten Tasse oder einem Teeglas Zucker, Kakao und Rum verrühren und den heißen Kaffee dazugeben. Mit Schlagsahne zudecken.

Dieses Rezept verdanken wir der Findigkeit der Friesen. Da dem Pfarrer Alkohol ein Dorn im Auge war, versteckten sie ihn einfach im Kaffee unter einer dicken Sahnehaube. Doch der Pfarrer kam ihnen auf die Schliche und wetterte: Ihr Pharisäer!

Pharisäer

Heiße Getränke für kalte Tage

Irish Coffee

- **2 TL brauner Zucker**
- **¹/₈ l Irish Whiskey**
- **1 Tasse starker, heißer Kaffee**
- **Schlagsahne**

Eine Tasse starken Kaffee aufgießen. Irish-Coffee-Stielglas oder -Tasse anwärmen. Den Zucker hineingeben. Den Whiskey in einem hitzebeständigen Gefäß erwärmen und anzünden. Brennend über den Zucker gießen und dann mit dem heißen Kaffee auffüllen. Umrühren, bis sich der Zucker gelöst hat. Dann die halbgeschlagene Sahne über einen Löffelrücken vorsichtig auf den Kaffee gleiten lassen. Nicht mehr umrühren.

Café Amsterdam

- *3-4 cl Eierlikör*
- *1 Tasse starker, heißer Kaffee*
- *1 TL Zucker*
- *1-2 EL geschlagene Sahne*
- *löslicher Kaffee und Kakao*

Den Eierlikör in eine vorgewärmte Tasse gießen. Heißen Kaffee süßen und darüber geben. Schlagsahne obenauf setzen. Mit etwas löslichem Kaffee und Kakao bestreuen.

Wiener Fiaker

- *3/4 Tasse heißer Kaffee*
- *2 TL Kirschwasser*
- *1 TL Zucker*
- *1 TL Kaffeesahne*
- *Schlagsahne*

Kaffee aufgießen und Kirschwasser hinzugeben. Mit Zucker und Kaffeesahne verrühren und mit Schlagsahne verzieren.

Café Amsterdam

Mokka-Eier-Punsch

Für 4 Gläser

- *4 EL Kokosnusslikör*
- *3 EL Kokosraspel*
- *1 Vanilleschote*
- *3 Eigelb*
- *50 g Zucker*
- *3 Tassen starker, heißer Kaffee (Mokka)*

Die Ränder der Gläser in Kokosnusslikör und dann in Kokosraspel tauchen. Vanilleschote längs halbieren, das Mark mit dem Messerrücken herausschaben und mit Eigelb und Zucker in einem Topf schaumig schlagen. Mokka und restlichen Kokosnusslikör zufügen und bei geringer Wärmezufuhr weiterschlagen, bis Schaum aufsteigt. In Gläser füllen und sofort servieren.

Gewürzkaffee

Für 4 Gläser

- **2 frische Feigen**
- **4 EL Amaretto**
- **4 Tassen heißer Kaffee**
- **1 Zimtstange**
- **4 Gewürznelken**
- **Messerspitzen Kardamom**
- **2 Messerspitzen Muskatblüte (gemahlen)**
- **40 g brauner Zucker**

Feigen waschen und halbieren. Den Mandellikör in eine kleine, flache Schale geben. Feigenhälften ca. 15 Minuten hineinlegen. Inzwischen den Kaffee mit Zimt, Nelken, Kardamom, Muskatblüte und Zucker in einem Topf erhitzen und fünf Minuten ziehen lassen. Durch ein Sieb in vier Gläser gießen. Feigenhälften auf Spieße oder Zimtstangen stecken und auf die Glasränder setzen. Mit dem restlichen Mandellikör auffüllen und sofort servieren.

Café Capriccio

Für 2 Tassen

- ***1 1/2 Tassen starker, heißer Kaffee***
- ***4 cl Cointreau***
- ***1 TL Vanillezucker***
- ***100 g Schlagsahne***

Heißen Kaffee auf zwei Tassen verteilen. Cointreau hinzugeben und die mit Vanillezucker geschlagene Sahne obenauf spritzen.

Casa Blanca

- ***4-6 cl Mokkalikör***
- ***1-2 EL geschlagene Sahne***
- ***Kaffee- und Kakaopulver***

Mokkalikör in ein Likörglas geben und im Wasserbad oder in der Mikrowelle bei 600 Watt (ca. 1/2 Minute) erhitzen. Anschließend die Sahne darauf geben und mit Kaffee- und Kakaopulver bestäuben.

Café Noisette

- ***1/4 l starker, heißer Kaffee***
- ***5 TL Kaffeesahne***
- ***4 cl Kirschwasser***
- ***Zucker***

Sahne und je nach Geschmack Zucker in den heißen Kaffee geben. Das Kirschwasser hinzufügen.

Tipp: Seinen Namen verdankt dieser Kaffee dem Nussgeschmack. Stellen Sie zum Knabbern Nussplätzchen oder ein Schälchen Nüsse auf den Tisch.

Orangenkaffee

Für 4 Tassen

- ***2 unbehandelte Orangen***
- ***40 g Zucker***
- ***4 EL Orangenlikör***
- ***3 Tassen heißer Kaffee***

Eine Orange sehr dünn schälen und die Schale in feine Streifen schneiden. Den Saft auspressen. Die andere Orange dick schälen und in Scheiben schneiden. Sahne steif schlagen. Orangensaft, Zucker und Orangenlikör auf vier Tassen verteilen und mit heißem Kaffee auffüllen. Darauf eine Sahnehaube setzen und mit Orangenscheibe und -streifen garnieren. Sofort servieren.

Orangenkaffee

Tee mit Rum

- **2 cl Rum**
- **Zitronensaft**
- **2 TL Zucker**
- **1 TL Assam Tee**
- **1 Stange Zimt**

Den Tee mit heißem Wasser überbrühen und fünf Minuten ziehen lassen. Rum mit einigen Tropfen Zitronensaft und Zucker verquirlen. Mit dem Tee mischen und die Zimtstange dazugeben. Eventuell noch kurz erhitzen.

Tee für kalte Tage

Für 2 Gläser

- **2 TL Ceylon Tee**
- **2 Gläschen Rum**
- **2 Zitronenscheiben**
- **Kandis**

Den Tee mit kochendem Wasser übergießen, nach Geschmack drei bis vier Minuten ziehen lassen, Rum zugeben, in zwei Gläser gießen und mit Kandis süßen. Zitronenscheibe einschneiden und auf den Glasrand stecken.

Tee-Punsch

Für 4-6 Personen

- ***4-6 TL schwarze Teeblätter***
- ***1/2 - 3/4 l Wasser***
- ***1/2 Flasche Rotwein***
- ***100 - 150 g weißer oder brauner Zucker***
- ***2 Zimtstangen***
- ***3 Pimentkörner (Nelkenpfeffer)***
- ***3 Gewürznelken***
- ***Muskatblüte***
- ***Ingwerpulver***
- ***Saft von 1 Orange***
- ***2 EL Cointreau oder Grand Marnier***

Teeblätter in Teefilter oder -sieb geben. Mit siedend heißem Wasser übergießen und zugedeckt ca. fünf Minuten ziehen lassen. Rotwein mit Zucker und Gewürzen in einem Topf unter Rühren aufkochen. Bei geringer Hitze ca. fünf Minuten ziehen lassen. Rotwein durch ein Sieb gießen, mit Tee und Orangensaft mischen. Mit Cointreau bzw. Grand Marnier abschmecken. In vorgewärmten Teetassen oder Teegläsern heiß servieren.

Cherry-Tee

- *1 TL Darjeeling Tee*
- *Mark von 1/2 Vanilleschote*
- *Zitronensaft*
- *2 cl Cherry Brandy*
- *Zucker*

Den Tee und das Mark der Vanilleschote mit heißem Wasser überbrühen und ca. drei Minuten ziehen lassen. Zitronensaft und Kirschlikör hinzugeben. Je nach Geschmack süßen.

Bacardi Fireside

- *2-4 cl weißer Rum*
- *1 TL Zucker oder Kandis*
- *1 Tasse schwarzer, heißer Tee*
- *1 Zitronenscheibe*
- *1 Zimtstange*

Zucker und Zitronenscheibe in ein großes Tee- oder Grogglas geben. Den Rum zufügen und mit dem heißen Tee auffüllen. Zimtstange hineingeben.

Kaminfeuer

- *1 Teebeutel Hibiskusblüte*
- *200 ml Wasser*
- *1/2 unbehandelte Orange*
- *1 Prise gemahlener Zimt*

- *1 Prise gemahlener Ingwer*
- *5 cl Kirschlikör*
- *1 EL Sauerkirschen aus dem Glas*

Den Teebeutel mit kochendem Wasser aufgießen, ca. fünf Minuten ziehen lassen und in einen kleinen Topf gießen. Orange spiralförmig schälen und auspressen. Orangensaft mit Zimt, Ingwer und Kirschlikör zum Tee geben und erhitzen, aber nicht aufkochen lassen. In ein Becherglas gießen und mit dem Kirschspieß und der Orangenspirale dekorieren.

Büsumer Eierpunsch

Für 4 Personen

- ***8 Eier***
- ***1/4 l Wasser***
- ***3 EL Zucker***
- ***1 Prise Ingwer (gemahlen)***
- ***1 Prise Nelkenpulver***
- ***getrocknete Zitronenschale***
- ***1/4 l Rum (40 %)***

Das Wasser erhitzen. Das Eigelb in einem Topf mit dem Zucker schaumig schlagen. Das heiße, nicht mehr kochende Wasser unter ständigem Rühren hinzugeben, mit den Gewürzen abschmecken und den vorgewärmten Rum hinzufügen. Das heiße, schaumige Getränk in vorgewärmte Punschgläser füllen.

Eier-Grog

- ***1 Eigelb***
- ***8 cl heiße Milch***
- ***1 cl Ahornsirup***
- ***3 cl brauner Rum***
- ***1 TL Kakaopulver***

Eigelb, Ahornsirup und Rum schaumig schlagen. Vorsichtig in die heiße Milch unterrühren. In einem hitzebeständigen Glas heiß servieren. Mit Kakaopulver bestreuen.

Glühwein

Für 4-6 Gläser

- ***1 Flasche Rotwein***
- ***Saft von 1 Orange oder Zitrone***
- ***etwas Zucker***
- ***Gewürznelken***
- ***Zimt***

Rotwein zusammen mit dem Orangen- oder Zitronensaft, etwas Zucker, den Gewürznelken und dem Zimt erhitzen und in feuerfeste Gläser füllen. Sofort heiß servieren.

Feuerzangenbowle

Für 6-8 Personen

- ***3 Flaschen Rotwein***
- ***1/2 - 1 Flasche hochprozentiger Rum***
- ***1 Zuckerhut***
- ***6 Gewürznelken***
- ***1 Zimtstange***
- ***Orangen- und Zitronenschale***

Rotwein mit Nelken, Zimtstange, Orangen- und Zitronenschale in einem Kupferkessel oder Edelstahltopf erhitzen. Topf auf ein Rechaud oder Stövchen stellen, Feuerzange mit Zuckerhut über den Topf legen, mit Rum tränken und anzünden. Mit der Schöpfkelle weiteren Rum über den Zuckerhut geben, bis er geschmolzen ist. Gut umrühren, Gewürze entfernen und die Bowle in feuerfesten Gläsern servieren.

Rotweinpunsch mit Früchten

Für 4 Gläser

- ***3/4 l halbtrockener Rotwein***
- ***1/4 l Jamaica Rum***
- ***3 EL Honig***
- ***2 kleine Äpfel***
- ***2 Orangen***

Die Äpfel schälen, vierteln, entkernen und in Scheiben schneiden. Die Orangen dick schälen, die Filets zwischen den Trennhäuten herausschneiden und in einen Topf geben. Den Rotwein und Jamaica Rum zugießen und alles erhitzen. Zehn Minuten ziehen lassen und mit dem Honig süßen. Mit Löffeln sofort heiß servieren.

Traubensaft-Punsch

Für 4 Gläser

- *1/4 l Rotwein*
- *1/4 l roter Traubensaft*
- *1 Lorbeerblatt*
- *1 Gewürznelke*
- *Kandiszucker*

Rotwein und Traubensaft zum Kochen bringen. Lorbeerblatt und Gewürznelke hinzugeben und mit Kandiszucker süßen. Durch ein Sieb in Punschgläser gießen.

Drinks ohne Alkohol

Fancy Fruits

- ***2 cl Himbeersirup***
- ***6 cl roter Traubensaft***
- ***6 cl Orangensaft***
- ***kohlensäurearmes Mineralwasser***

Himbeersirup, Traubensaft und Orangensaft mit Eiswürfeln gut schütteln oder verrühren. In ein zu etwa einem Drittel mit „Fancy-ice-cubes" (in Eiswürfel eingefrorene Himbeeren und Zitronenschnitze) gefülltes großes Cocktailglas abseihen und mit kaltem Mineralwasser auffüllen.

Ziellinie

Für 4 Personen

- ***Saft von 4 Zitronen***
- ***20 cl roter Traubensaft***
- ***5 cl Zuckersirup oder 50 g Zucker***
- ***1 l Mineralwasser***
- ***Zitronenscheiben***

Zitronensaft, Traubensaft und Zuckersirup in einen Krug mit Eiswürfeln geben, gut verrühren und mit gut gekühltem Mineralwasser auffüllen. Zitronenscheiben hineingeben.

Mistral

- ***2 TL Zucker***
- ***6 cl Grapefruitsaft***
- ***0,15 l Mineralwasser***
- ***großer Zweig frische Minze***

Zucker und Grapefruitsaft in ein Longdrinkglas geben. Kräftig umrühren, bis der Zucker gelöst ist. Mit gekühltem Mineralwasser aufgießen, Eiswürfel hineingeben und mit dem Minzzweig dekorieren.

Big Apple

- ***2 cl Grenadine***
- ***6 cl Apfelsaft***
- ***2 Miniäpfel (aus der Dose)***
- ***kohlensäurehaltiges Mineralwasser***
- ***Apfelschale***

Den Grenadinesirup mit dem Apfelsaft und drei Eiswürfeln im Mixglas gut verrühren, über einen der kleinen Äpfel in ein Longdrinkglas geben. Mit kaltem Mineralwasser auffüllen und einen gelben Eiswürfel (Aprikosensaft mit Mineralwasser gemischt) in den Drink geben. Den anderen Miniapfel auf den Glasrand stecken und mit Apfelschale garnieren.

Banana-Summer-Dream

- ½ Banane
- 1 Spritzer Bananensirup
- 4 cl Milch
- 4 cl Ananassaft
- etwas Zitronen- oder Limettensaft
- Limetten- oder Zitronenscheibe

Alle Zutaten mit zwei Esslöffeln gestoßenem Eis ca. 15 Sekunden im Elektromixer vermischen und in ein Longdrinkglas abgießen. Mit Limetten- oder Zitronenscheibe dekorieren.

Greenland

- 2 frische Minzeblättchen
- 3 cl Pfefferminzsirup
- 1 cl Zuckersirup
- 4 cl Zitronensaft
- kohlensäurehaltiges Mineralwasser
- Limonenscheibe

Die Minzeblättchen grob hacken und mit gestoßenem Eis in ein Cocktailglas geben. Pfefferminz- und Zuckersirup mit dem Zitronensaft dazugeben, kurz umrühren und mit kaltem Mineralwasser auffüllen. Mit Limonenscheibe und Trinkhalm servieren.

Come On

- *2 cl Mandelsirup*
- *3 cl Zitronensaft*
- *4 cl Grapefruitsaft*
- *4 cl Orangensaft*
- *6 cl Ananassaft*
- *kohlensäurehaltiges Mineralwasser*
- *1/2 Ananasscheibe*
- *Kiwischeibe*
- *Cocktailkirsche*

Den Sirup und die Säfte über Eis in einen Shaker geben, kurz und kräftig schütteln und über Eis in ein mittleres Cocktailglas abseihen. Mit kohlensäurehaltigem Mineralwasser auffüllen, dekorieren und mit Trinkhalm servieren.

Cool Down

- *1 cl Pfefferminzsirup*
- *Saft von 1 Limone*
- *4 cl Ananassaft*
- *natürliches Mineralwasser*

Für den Zuckerrand:

- *Grenadine*
- *Zucker*

Den Glasrand einer Champagnerschale in Grenadinesirup und dann in Zucker tauchen. Pfefferminzsirup, Limonensaft und Ananassaft im Shaker auf Eiswürfeln kurz und kräftig schütteln. In die vorbereitete und zur Hälfte mit gestoßenem Eis gefüllte Champagnerschale abseihen und mit eiskaltem Mineralwasser auffüllen.

The Winner

- 2 cl Grenadine
- 10 cl roter oder weißer Traubensaft
- 10 cl Orangensaft
- Saft von 1/2 Zitrone
- Orangen- und Zitronenscheibe
- Weintraube

Grenadine und Säfte im Shaker mit zwei bis drei Eiswürfeln gut schütteln. In ein hohes Glas auf Eiswürfel abgießen. Weintraube, Orangen- und Zitronenscheibe auf einen Spieß stecken und über das Glas legen.

Kiwi-Mint

Für 4 Gläser

- ***4 Kiwis***
- ***1 Sträußchen glatte Minze***
- ***kohlensäurehaltiges Mineralwasser***
- ***2 Messerspitzen Zimt***

Kiwis dünn schälen. Fünf bis sechs Minzeblättchen abzupfen, waschen und klein schneiden. Fruchtfleisch der Kiwis mit einem Elektro-Mixstab fein pürieren. Durch ein feines Sieb passieren, die Minze dazugeben. Auf vier Kelchgläser verteilen, mit Mineralwasser aufgießen, mit Minzeblättchen dekorieren und mit Zimt überpudern.

Strawberry Fields

- *2 cl Erdbeersirup*
- *4 cl Birnensaft*
- *3 cl Zitronensaft*
- *6 cl Aprikosensaft*
- *kohlensäurehaltiges Mineralwasser*
- *Sahnehaube*
- *Erdbeere*

Sirup und Säfte über Eis in einem Shaker kurz und kräftig schütteln. In eine tiefe Cocktailschale auf gestoßenes Eis abseihen und mit kohlensäurehaltigem Mineralwasser auffüllen. Mit Erdbeere und Trinkhalm servieren.

Grapefruit-Drink

- *1/2 Grapefruit*
- *4 cl Kirschsirup*
- *1 TL Zitronensaft*
- *Mineral- oder Heilwasser*

Grapefruit schälen, filetieren und in kleine Stücke schneiden. Mit den übrigen Zutaten in ein Glas geben, umrühren und mit Mineral- oder Heilwasser auffüllen.

Grüner Muntermacher

- *1 Kiwi*
- *10 cl weißer Traubensaft*
- *Ginger Ale*
- *Kiwischeibe*
- *Melisseblättchen*

Kiwi dünn schälen, pürieren, durch ein Sieb streichen und in ein Longdrinkglas auf gestoßenes Eis geben. Traubensaft hinzufügen und alles gut verrühren. Mit kaltem Ginger Ale auffüllen. Mit Kiwischeibe und Melisseblättchen dekorieren.

Blutorangen-Früchte-Cup

- *0,2 l Blutorangen-Drink*
- *kohlensäurehaltiges Mineralwasser*
- *frische Früchte*

Früchte (Bananen, Kirschen etc.) aufspießen. Blutorangen-Drink (Fertigprodukt) in ein großes Glas gießen und mit gut gekühltem Mineralwasser auffülen. Spieß über das Glas legen.

Pussyfoot

- *12 cl frisch gepresster Grapefruitsaft*
- *2 cl frisch gepresster Orangensaft*
- *3 cl Grenadine*
- *Mineralwasser*

Zutaten über Eis in ein Longdrinkglas geben, verrühren und mit Mineralwasser abspritzen.

Jogging Flip

- *6 cl frisch gepresster Orangensaft*
- *4 cl frisch gepresster Grapefruitsaft*
- *2 cl frisch gepresster Zitronensaft*
- *1 TL Grenadine*
- *1 Eigelb*

Zutaten mit Eiswürfeln im Shaker gut mixen und in ein Longdrinkglas abseihen.

Juice auf viel Eis in ein Longdrinkglas geben und mit Bitter Lemon auffüllen. Mit Kirsche, Orangen- und Ananasscheibe dekorieren.

Daviscup

- *6 cl frischer Orangensaft*
- *2 cl frischer Zitronensaft*
- *1 cl Grenadine*
- *1 cl Lime Juice*
- *Bitter Lemon*
- *Orangenscheibe*
- *Ananasscheibe*
- *Kirsche*

Orangen- und Zitronensaft mit Grenadine und Lime

Mowgli

- *1 Guayave (aus der Dose)*
- *1/8 l schwarzer Johannisbeersaft*
- *Bitter Grapefruit*

Guayave in vier Stücke schneiden und in ein hohes Glas geben. Zwei Eßlöffel des Guayavensirups und den Johannisbeersaft hinzufügen und mit gut gekühltem Bitter Grapefruit auffüllen.

Exotica

- *6 cl Ananassaft (ungesüßt)*
- *1 cl Zuckersirup*
- *Saft von 1 Limone*
- *Mineral- oder Heilwasser*
- *Limonenscheibe*

Für den Zuckerrand:

- *Zitronensaft und Zucker*

Den Rand eines hohen Glases in Zitronensaft und dann in Zucker tauchen. Säfte und Sirup hineingeben, leicht verquirlen und mit Mineral- oder Heilwasser auffüllen. Limonenscheibe auf den Glasrand stecken.

Chicos Traum

- *1/2 Banane*
- *Saft von 1/4 Zitrone*
- *2 cl Zuckersirup*
- *Mineral- oder Heilwasser*
- *Zitronenscheibe*
- *Zitronenmelisse*
- *Cocktailkirsche*

Banane pürieren und zusammen mit Zitronensaft und Sirup im Shaker mixen. In ein Longdrinkglas geben und mit gut gekühltem Mineral- oder Heilwasser auffüllen. Mit Zitronenscheibe, Melisse und Cocktailkirsche dekorieren.

Hawaii Blue

- *6 cl Ananassaft*
- *6 cl Maracuja-Nektar*
- *4 cl Grapefruitsaft*
- *2 cl Curaçao blue ohne Alkohol*
- *Limonenscheibe*
- *Erdbeere*

Säfte und alkoholfreien Curaçao im Shaker auf Eis mixen und in ein Longdrinkglas auf Eiswürfel abseihen. Mit Limonenscheibe und Erdbeere dekorieren.

Roter Mond

- *4 cl Grenadine*
- *Saft von 1/4 Zitrone*
- *2 cl Kokosmilch*
- *Mineral- oder Heilwasser*
- *Zitronenscheibe*

Grenadine, Zitronensaft und Kokosmilch in einem Shaker gut schütteln und in ein Glas gießen. Zwei Eiswürfel dazugeben und mit Mineral- oder Heilwasser auffüllen. Mit Zitronenscheibe dekorieren.

Miami

- *14 cl Ananassaft*
- *1 cl Zitronensaft*
- *1 cl Zuckersirup*
- *1 cl Pfefferminzsirup*
- *Zitronenscheibe*
- *frische Minze*

Säfte und Sirup im Shaker gut schütteln und in ein Longdrinkglas auf Eiswürfel abseihen. Mit Zitronenscheibe und Minze dekorieren.

Fresh-Up Exotisch

- *2 Scheiben frische Ananas*
- *Saft von 1 Orange*
- *2 cl Grenadine*
- *Mineral- oder Heilwasser*
- *1 Kiwischeibe*
- *2 Cocktailkirschen*

Kiwischeibe halbieren und abwechselnd mit den Kirschen aufspießen. Die Ananasscheibe im Elektromixer pürieren. Mit Orangensaft und Grenadinesirup vermischen. In ein hohes Glas gießen und mit eisgekühltem Mineral- oder Heilwasser auffüllen. Mit dem Fruchtspieß servieren.

Juanita

- 6 cl Maracujasaft
- 6 cl Ananassaft
- 4 große Erdbeeren
- 1 cl Erdbeersirup
- kohlensäurehaltiges Mineralwasser

Drei Erdbeeren pürieren und mit den Säften und dem Sirup im Mixer mit einem Eiswürfel gut durchmixen. In ein zu zwei Dritteln mit Eiswürfeln gefülltes Glas geben und mit Mineralwasser auffüllen. Eine Erdbeere auf den Glasrand stecken.

Tropical Cooler

- 2 cl Maracujasirup
- 4 cl Maracujasaft
- 2 cl Zitronensaft
- 10 cl Tropical Bitter
- Sternfruchtscheibe
- Kirsche

Maracujasirup und -saft mit dem Zitronensaft im Shaker schütteln, in ein Longdrinkglas auf Eis geben und mit Tropical Bitter auffüllen. Mit Sternfruchtscheibe und Kirsche dekorieren.

Marisa

- *1 cl Maracujasirup*
- *1 cl Mango Fruchttrunk*
- *4 cl Orangensaft*
- *4 cl Kurmolke*
- *kohlensäurehaltiges Mineralwasser*
- *frische Früchte*
- *frische Minze*

Sirup, Säfte und Kurmolke im Shaker gut mixen und in ein bis zu etwa einem Drittel mit Eiswürfeln gefülltes Glas gießen. Mit Mineralwasser auffüllen und mit Früchten und Minze dekorieren.

Tropical Love

- 5 cl Maracuja-Nektar
- 3 cl Sauerkirsch-Nektar
- 2 cl Ananassaft
- Tonic Water
- Ananasstück
- Kirsche

Die Säfte im Longdrinkglas verrühren und mit gut gekühltem Tonic Water auffüllen. Mit Ananasstück und Kirsche dekorieren.

Nothing

- 6 cl roter Johannisbeer-Nektar
- 4 cl Maracuja-Nektar
- 2 cl Orangensaft
- 1 EL geschlagenes Eiweiß
- Mineralwasser

Säfte und Eiweiß im Shaker gut mixen, in ein Longdrinkglas abseihen und mit Mineralwasser auffüllen.

Pussycat

- 5 cl Orangensaft
- 5 cl Ananassaft
- 2 cl Sahne
- 2 cl Curaçao blue ohne Alkohol

Säfte, Sahne und den alkoholfreien Curaçao im Shaker gut mixen und in ein Longdrinkglas abseihen.

Jogger

- 3 cl Orangensaft
- 3 cl Bananen-Fruchtsaftgetränk
- 2 cl Mandelsirup
- 1 cl Zitronensaft
- 1 cl Sahne
- frische Minze

Säfte, Sirup und Sahne im Shaker gut mixen und in ein Longdrinkglas abseihen. Mit frischer Minze dekorieren.

Champion

- ▶ *4 cl Aprikosen-Nektar*
- ▶ *4 cl Kirsch-Nektar*
- ▶ *4 cl Multivitaminsaft*
- ▶ *1 Spritzer Zitronensaft*
- ▶ *Zitronenscheibe*
- ▶ *Maraschinokirsche*
- ▶ *Bananenscheibe*
- ▶ *Orangenspirale*

Aprikosen- und Kirsch-Nektar mit dem Multivitaminsaft in einem Longdrinkglas auf Eiswürfeln gut verrühren und mit Zitronensaft abspritzen. Mit aufgespießter Zitronenscheibe, Kirsche, Bananenscheibe und Orangenspirale dekorieren.

Tropic Star

- ▶ *6 cl Orangensaft mit Fruchtfleisch*
- ▶ *6 cl Maracuja-Nektar*
- ▶ *6 cl Ananassaft*
- ▶ *Strunk einer kleinen Ananas*
- ▶ *Cocktailkirsche*

Säfte im Shaker gut vermischen und in ein Longdrinkglas auf Eiswürfel geben. Mit Ananas und Kirsche eiskalt servieren.

Tarita

- ▶ *50 g Honigmelone*
- ▶ *2 Kugeln Mangoeis*
- ▶ *1 Spritzer Zitrone*
- ▶ *2 cl Kokosnusscreme*
- ▶ *Mineral- oder Heilwasser*
- ▶ *Minzzweig*

Melone, Zitronensaft und Kokosnusscreme gut verrühren und über das Eis in ein hohes Glas gießen. Mit Wasser auffüllen, leicht verquirlen und mit Minzzweig dekorieren.

Orangen-Flip

- *8 cl Maracujasaft*
- *8 cl frisch gepresster Orangensaft*
- *1 Eigelb*
- *0,5 cl Grenadine*
- *Kirsche mit Stiel*

Säfte, Eigelb und Grenadine im Shaker mit mehreren Eiswürfeln schütteln und in ein vorgekühltes Glas seihen. Mit Kirsche am Stiel dekorieren.

Green Coconut

- *8 cl Ananassaft*
- *6 cl naturtrüber Apfelsaft*
- *1 Eigelb*
- *1 cl Kokosnusscreme*
- *1 cl Curaçao blue ohne Alkohol*

Maraschinokirsche mit Stiel
Säfte, Eigelb, Kokosnusscreme und alkoholfreien Curaçao im Shaker auf Eis gut schütteln. In ein zu einem Drittel mit gestoßenem Eis gefülltes Glas geben. Mit Maraschinokirsche und Trinkhalm servieren.

Trauben-Flip

- *8 cl Milch*
- *8 cl roter Traubensaft*
- *1 Eigelb*
- *2 cl Ahornsirup*
- *1 Prise Muskatnuss*
- *Traubenrispe*
- *frische Minze*

Milch, Traubensaft, Eigelb und Sirup mit einer Prise Muskatnuss im Shaker auf Eis gut schütteln. In ein vorgekühltes Kelchglas abseihen. Mit Traubenrispe und frischer Minze dekorieren.

Eier Fizz

- *2 cl frisch gepresster Zitronensaft*
- *12 cl Sanddorn-Orange-Nektar*
- *1 Eigelb*
- *1 Prise Ingwerpulver*
- *2 TL Honig*
- *Mineral- oder Heilwasser*
- *Zitronenscheibe*

Saft, Nektar, Eigelb, Ingwerpulver und Honig im Shaker mit zwei Eiswürfeln kurz durchmixen. In ein zu einem Drittel mit Eiswürfeln gefülltes Kelchglas geben. Mit einem Schuss Heilwasser auffüllen. Zitronenscheibe auf den Glasrand stecken und mit Trinkhalm servieren.

Eicolada

- *12 cl Ananassaft*
- *1 Eigelb*
- *2 cl Kokosnusscreme*
- *frische Minze*

Saft, Eigelb und Kokosnusscreme im Shaker mit sechs bis sieben Eiswürfeln gut schütteln und in ein zu einem Drittel mit gestoßenem Eis gefülltes Stielglas geben. Mit Minze und Strohhalm servieren.

Flip Flop

- 12 cl Ananassaft
- 4 cl frisch gepresster Grapefruitsaft
- 1 Ei
- 1 cl Erdbeersirup
- Erdbeere

Säfte, Ei und Sirup im Shaker mit sechs bis sieben Eiswürfeln schütteln und in ein zu einem Drittel mit Eiswürfeln gefülltes Glas abseihen. Eine halbe Erdbeere auf den Glasrand stecken und mit Trinkhalm servieren.

Exotic Punsch

- 6 cl Ananas-Vollfruchtsaft
- 8 cl frisch gepresster Orangensaft
- 1 Ei
- 1 cl Guavensirup
- Sternfruchtscheibe

Säfte, Ei und Sirup im Shaker mit sechs bis sieben Eiswürfeln gut schütteln. In ein Longdrinkglas auf Eiswürfel abseihen. Sternfruchtscheibe auf den Glasrand stecken und mit Trinkhalm servieren.

Kiwi Dream

- 2 cl frisch gepresster Zitronensaft
- 8 cl Ananassaft
- 1 Eigelb
- 2 cl Kokosnusscreme
- 3 TL frisches Kiwimus
- Kiwischeibe

Säfte, Eigelb, Kokosnusscreme und Kiwimus im Shaker mit mehreren Eiswürfeln schütteln und in ein Becherglas auf Eiswürfel abseihen. Kiwischeibe auf den Glasrand stecken und mit Trinkhalm servieren.

Eis Cup

- *8 cl frisch gepresster Orangensaft*
- *8 cl Maracujasaft*
- *1 Eigelb*
- *1 Kugel Vanilleeis*
- *1 cl Erdbeersirup*
- *Orangenscheibe*
- *frische Minze*

Säfte, Eigelb und Vanilleeis im Shaker mit zwei Eiswürfeln gut durchmixen. In ein zu einem Drittel mit Eiswürfeln gefülltes Glas geben und den Erdbeersirup darüber gießen. Mit Orangenscheibe und Minze dekorieren.

Eier-Punsch

- ***2 cl frisch gepresster Zitronensaft***
- ***8 cl frisch gepresster Orangensaft***
- ***12 cl Ananassaft***
- ***1 Ei***
- ***0,5 cl Grenadine***
- ***Zitronenscheibe***
- ***Maraschinokirsche mit Stiel***

Säfte, Ei und Grenadine im Shaker mit mehreren Eiswürfeln gut schütteln und in ein Glas auf gestoßenes Eis abseihen. Mit Zitronenscheibe und Kirsche dekorieren.

Waldmeister-Bowle

Für 6-8 Personen

- ***1 Bund frischer Waldmeister***
- ***1 unbehandelte Orange***
- ***3 Flaschen weißer Traubensaft***
- ***Zucker***
- ***$^{1}/_{2}$ l Mineralwasser***

Den Waldmeister (er darf noch nicht blühen) waschen und zusammenbinden. In ein Bowlegefäß hängen, Orangenscheiben mit Schale hineingeben und den Traubensaft aufgießen. Im Kühlschrank etwa eine halbe Stunde ziehen lassen. Das Waldmeisterbüschel herausnehmen, die Bowle mit Zucker abschmecken und umrühren. Kurz vor dem Servieren mit kaltem Mineralwasser auffüllen.

Trauben-Bowle

Für 6 Personen

- ***200 g grüne Weintrauben***
- ***200 g dunkle Weintrauben***
- ***1 l weißer Traubensaft***
- ***1 l roter Traubensaft***
- ***2 Tassen Zitronensaft***
- ***1 Flasche Mineral- oder Heilwasser***

Die Trauben waschen, halbieren und entkernen. Die Früchte in ein Bowlegefäß geben und die Säfte hinzufügen. Ein bis zwei Stunden ziehen lassen und kurz vor dem Servieren mit kaltem Wasser auffüllen.

Pfirsich-Bowle

Für 4 Personen

- ***1 Pfund Pfirsiche oder 1 große Dose***
- ***$^{3}/_{4}$ l Wasser***
- ***200 g Zucker***
- ***$^{1}/_{2}$ l Maracujasaft***
- ***$^{1}/_{8}$ l Zitronensaft***
- ***1 $^{1}/_{8}$ l Orangensaft***
- ***$^{3}/_{4}$ l Mineral- oder Heilwasser***

Zucker und Wasser fünf Minuten aufkochen. Bei frischen Pfirsichen die Haut abziehen. Die Früchte in Stücke schneiden und in der Zuckerlösung ca. drei Stunden ziehen lassen. Eiskalten Maracuja-, Zitronen- und Orangensaft dazugeben. Kurz vor dem Servieren mit Heilwasser auffüllen.

Ananas-Kiwi-Bowle

Für 6 Personen

- ***1 Ananas***
- ***6 Kiwis***
- ***Saft von 4 Zitronen***
- ***6 cl Mangosirup***
- ***1/4 l Ananassaft***
- ***1/4 l Maracuja-Nektar***
- ***2 Flaschen weißer Traubensaft***
- ***2 Flaschen kohlensäurehaltiges Mineralwasser***

Die Ananas schälen und in Würfel schneiden. Die Kiwis schälen, vierteln und in Scheiben schneiden. Zitronensaft, Mangosirup, Ananassaft und Maracuja-Nektar gut verrühren und über die Früchte geben. Zugedeckt kühl mehrere Stunden durchziehen lassen. Die Früchtemischung mit Saft in ein Bowlegefäß geben, den eiskalten Traubensaft dazugießen und umrühren. Mit dem ebenfalls eiskalten Mineralwasser auffüllen.

Tropic-Bowle

Für 4 Personen

- ***1 Dose Ananasstücke (Abtropfgewicht 340 g)***
- ***1 Dose Mandarinenfilets (Abtropfgewicht 175 g)***
- ***1 Sternfrucht***
- ***1 Dose Litschies (150 g)***
- ***Flaschen Tropic Fruchtgetränk***
- ***1 l Mineralwasser***

Ananasstücke und Mandarinenfilets mit Saft in ein Bowlegefäß geben. Litschies abgetropft untermischen. Die Sternfrucht in Scheiben schneiden und hinzufügen. Mit dem gut gekühlten Mineralwasser und Fruchtgetränk auffüllen und zugedeckt im Kühlschrank ziehen lassen.

Summer Garden's Cup

Für 4-6 Personen

- ***4 Zitronen***
- ***4 Saftorangen***
- ***300 g Erdbeeren***
- ***5 Aprikosen***
- ***5 Pfirsiche***
- ***8 cl Zuckersirup***
- ***1 l Ginger Ale***
- ***2 Flaschen kohlensäurehaltiges Mineralwasser***

Zitronen und Orangen auspressen. Die Erdbeeren in Scheiben schneiden. Pfirsiche und Aprikosen entsteinen und in Spalten teilen. Das Obst in einer abdeckbaren Glas- oder Keramikschüssel mit dem Saft der Zitronen, Orangen und dem Zuckersirup ansetzen. Unter gelegentlichem Umrühren ca. zwei Stunden im Kühlschrank ziehen lassen. Vor dem Servieren mit dem gut gekühlten Ginger Ale und eiskaltem Mineralwasser aufgießen.

Aprikosen-Bowle

Für 4-6 Personen

- ***500 g Aprikosen oder 1 große Dose***
- ***1/4l weißer Traubensaft***
- ***1/4 l roter Traubensaft***
- ***3 Zweige Zitronenmelisse***
- ***2 cl Zuckersirup***
- ***1 1/2 l Mineral- oder Heilwasser***

Aprikosen putzen und in Stücke schneiden bzw. abtropfen. Traubensaft, Melisseblättchen und Zuckersirup zugeben und ca. eine Stunde ziehen lassen. Mit Heilwasser auffüllen.

Tipp: Für die Variante mit Alkohol tauschen Sie die Traubensäfte gegen Roséwein aus und geben noch 4 cl Curaçao hinzu.

Fruchtige Tee-Bowle

Für 6-8 Personen

- ***2 Flaschen klarer Birnensaft***
- ***frisch geriebener Ingwer oder Zitronenmelisse***
- ***5 TL Assam Tee***
- ***¹/₄ l Wasser***
- ***3-4 EL Rohrzucker***
- ***2 EL Zitronen- oder Limonensirup***
- ***Saft von 2 Zitronen***
- ***2-3 Flaschen kohlensäurehaltiges Mineralwasser***
- ***250 g frische oder tiefgekühlte Brombeeren***

Eine Flasche eiskalten Birnensaft mit Ingwer oder klein geschnittener Zitronenmelisse mischen. In Eiskugelbeutel abfüllen und in den Gefrierschrank stellen. Den Tee mit siedend heißem Wasser aufgießen und ca. fünf Minuten ziehen lassen. Inzwischen Rohrzucker, Zitronen- oder Limonensirup und Zitronensaft verrühren. Eine Handvoll der Birnensaft-Eiskugeln in ein Sieb geben. Den Tee darüber in die Zuckermischung gießen und gut verrühren. Die Flüssigkeit in ein Bowlegefäß abseihen. Mit der zweiten Flasche Birnensaft und dem Mineralwasser - beides eiskalt - aufgießen. Die restlichen Birnen-Eiskugeln und die Brombeeren in die Bowle geben. Das Bowlegefäß auf zerstoßenes Eis stellen.

Tipp: Sie können die Bowle auch ebenso gut mit Himbeeren oder Birnen aus der Dose zubereiten.

Rhabarber-Bowle

Für 4 Personen

- ***500 g frischer Rhabarber***
- ***¹/₂ l Orangensaft***
- ***75 g Zucker***
- ***1 ¹/₂ l Mineral- oder Heilwasser***
- ***2 Tassen Kirschsirup***

Den Rhabarber schälen und in kleine Stücke schneiden. Den Orangensaft mit Zucker in einem Topf erhitzen, aufkochen lassen und den Rhabarber darin blanchieren. Erkalten lassen und in ein Bowlegefäß geben. Mit kaltem Heilwasser auffüllen. Mit einigen Eiswürfeln verrühren und mit Kirschsirup süßen.

Apfel-Ingwer-Bowle

Für 4-6 Personen

- ***3 süßsäuerliche Äpfel***
- ***1/4 l Apfelsaft***
- ***1 TL Ingwer (gehackt)***
- ***1/2 l Ginger Ale***
- ***Flaschen Heilwasser***

Äpfel waschen, entkernen und in Würfel schneiden. Mit Apfelsaft, Ginger Ale und Ingwer ca. eine Stunde ziehen lassen. Mit Heilwasser auffüllen.

Beeren-Bowle

Für 4-6 Personen

- ***1 kg gemischte Beeren (tiefgekühlt)***
- ***2 gehäufte EL Zucker***
- ***Saft von 2 Orangen***
- ***6 cl Johannisbeersirup***
- ***1 1/2 l Mineral- oder Heilwasser***

Die Beeren auftauen, Zucker, Orangensaft und Sirup hinzugeben. Fünf bis sechs Stunden ziehen lassen und kurz vor dem Servieren mit kaltem Heilwasser auffüllen.

Sommerbrise

- *1 TL löslicher Kaffee*
- *Saft von 1 Orange*
- *1 Eigelb*
- *2 TL Zucker*
- *1 Kugel Vanilleeis*

Das Vanilleeis in ein Cocktailglas geben. Die übrigen Zutaten im Shaker gut schütteln oder in einem Gefäß mit dem Schneebesen schlagen und über das Eis geben. Vor dem Servieren kurz im Kühlschrank kühlen.

Bananen-Mokka-Flip

- 1 Banane
- 20 cl naturtrüber Apfelsaft
- 1 EL löslicher Kaffee
- 2 EL gemahlene Mandeln
- 2 EL Ahornsirup

Banane schälen, in Scheiben schneiden und in einen hohen Rührbecher geben. Apfelsaft dazugießen und alles mit dem Mixstab pürieren. Kaffeepulver in ein bis zwei Esslöffeln heißem Wasser auflösen. Mit Mandeln, Ahornsirup und dem Bananen-Apfelsaft gut verrühren. Im großen Ballonglas servieren.

Kaffee Alaska

- ***1-2 TL löslicher Kaffee***
- ***3 gehäufte TL löslicher Kakao***

Den Kaffee aufgießen, den löslichen Kakao hinzugeben und zusammen über Eiswürfel in ein hohes Glas gießen. Mit Trinkhalm servieren.

Café Bananas

Für 4 Gläser

- ***2 Bananen***
- ***4-5 Messlöffel à 6 g Kaffee***
- ***0,5 l Wasser***
- ***0,25 l Milch***
- ***30 g Zucker***

Für den Zuckerrand:

- ***Zitronensaft und Zucker***

Den Kaffee filtern und sofort kalt werden lassen. Den Rand von vier Kelchgläsern in Zitronensaft und dann in Zucker tauchen. Den kalten Kaffee zusammen mit den klein geschnittenen Bananen, der Milch und dem Zucker in einen Mixer geben. Nochmals kräftig verrühren und auf die vier Gläser verteilen.

Eisiger Tee-Cocktail

Für 4 Gläser

- *6 TL English Tea*
- *1/2 l Wasser*
- *Saft 1 Grapefruit*
- *Saft 1 Orange*

Den Tee mit kochendem Wasser aufgießen, vier Minuten ziehen lassen und durch ein Sieb gießen. Grapefruit- und Orangensaft dazugeben. Eiswürfel in die Gläser geben und den heißen Tee darüber gießen.

Eistee

Für 4 Personen

- *1/2 l naturtrüber Apfelsaft*
- *8 TL Assam Tee*
- *1,5 l Wasser*
- *1 Hand voll Lindenblüten (frisch o. getrocknet)*
- *1 Stück Zimtrinde*
- *1 Stück Orangenschale*
- *1 Orange*
- *Zitronenmelisse*

Für den Zuckerrand:

- *Orangensaft und Zucker*

Apfelsaft in Eiskugelbeutel füllen und in den Gefrierschrank stellen. Teeblätter in Teefilter oder -sieb geben, mit einem Liter siedend heißem Wasser übergießen und ca. fünf Minuten ziehen lassen. Lindenblüten, Zimtrinde und Orangenschale mit einem halben Liter kaltem Wasser aufsetzen und bei geringer Hitze etwa fünf Minuten ziehen lassen. Dann abseihen und erkalten lassen. Orange schälen, Fruchtstücke zwischen den Trennhäutchen herausschneiden und den Saft auffangen. Den Tee und Lindenblüten-Extrakt mischen, Orangensaft und Fruchtstücke hinzugeben und kalt stellen. Den Rand der Gläser in Orangensaft und dann in Zucker tauchen. Einen Teil der Apfelsaft-Eiskugeln zerstoßen und in den Gläsern verteilen. Tee aufgießen, Eiskugeln hineingeben und mit Zitronenmelisse dekorieren.

Süßer Sieg

- **1 Kugel Erdbeereis**
- **10 cl Milch**
- **10 cl roter Traubensaft**
- **1/2 TL Vanillearoma**
- **dunkle Weintrauben**
- **Erdbeeren**

Eis, Milch und Traubensaft im Elektromixer durchmixen, bis der Drink schaumig ist. Mit Vanillearoma abschmecken und in ein Stielglas gießen. Einen Spieß mit Erdbeeren und Weintrauben in das Glas stellen.

Piña Colada Shake

Für 2 Gläser

- **1/2 l Milch**
- **1 Beutel löslicher Eiskaffee „Piña Colada"**
- **4 Kugeln Ananaseis**
- **Limettenscheiben**

Den löslichen Eiskaffee mit Milch verrühren und über jeweils zwei Eiskugeln in zwei Gläser füllen. Mit Limettenscheiben dekorieren.

Bananen-Tropic-Drink

- **1 Banane**
- **1 cl Grenadine**
- **6 cl Milch**
- **2 cl Sahne**
- **Sternfruchtscheibe**
- **Kirsche**

Die Hälfte der Banane mit Sirup, Milch und Sahne im Elektromixer ca. 15 Sekunden mixen und dann in ein Longdrinkglas abgießen. Einen Spieß mit Banane, Sternfruchtscheibe und Kirsche über den Glasrand legen.

Obst-Flip

Für 4 Gläser

- ***1 Orange***
- ***100 g Pfirsiche (entsteint)***
- ***3 Eier***
- ***4 EL Zucker***
- ***½ l Joghurt***
- ***Mineral- oder Heilwasser***

Orange schälen und mit den Pfirsichen im Elektromixer pürieren. Eier, Zucker und Joghurt dazugeben und alles gut verrühren. Auf vier Schalengläser verteilen und mit dem Wasser auffüllen.

Bananen-Kefir

- *1 mittelgroße Banane*
- *0,2 l Kefir*
- *5 cl Mineralwasser*
- *1-2 EL Sanddornsaft (ungesüßt)*
- *1-2 EL Zitronen- oder Limonensaft*
- *Minzeblättchen*

Banane schälen und in grobe Stücke schneiden. Mit Kefir, Mineralwasser und Säften im Elektromixer auf höchster Stufe verquirlen. In ein Longdrinkglas füllen und mit Minzeblättchen dekorieren.

Bananenmilch, Erdbeermilch

Erdbeermilch

Für 4 Gläser
- ***300 g frische Erdbeeren***
- ***1 Päckchen Vanillinzucker***
- ***2 gestr. EL Zucker***
- ***1/2 l fettarme Milch***

Erdbeeren waschen, putzen und mit der Gabel grob zerdrücken. Den Vanillinzucker und den Zucker untermischen, in den Mixer geben, die Hälfte der kalten Milch dazugießen und alles auf höchster Stufe gut durchmixen. Restliche Milch unterrühren und eventuell nachsüßen. In vier Gläser füllen und direkt servieren.

Bananenmilch

Für 4 Gläser
- ***2 große, reife Bananen***
- ***1/2 l fettarme Milch***
- ***1 Päckchen Vanillinzucker***
- ***2 gestr. EL Zucker***

Bananen schälen, mit der Gabel zerdrücken und mit der Hälfte der kalten Milch im Mixer pürieren. Die restliche Milch, den Vanillinzucker und den Zucker unterrühren. In vier Gläser füllen und sofort servieren.

Quitten-Trunk

Für 4 Gläser
- ***600 g Trinksauermilch***
- ***5 EL Quittenmus oder 4 EL Quittengelee***
- ***2 EL Puderzucker***
- ***1 Messerspitze Piment***

Quittenmus oder -gelee in etwas Sauermilch auflösen. Puderzucker und restliche Sauermilch hinzufügen.
Mit dem Handmixer oder Schneebesen kräftig verquirlen und zum Schluss mit gemahlenem Piment aromatisieren.

Aprikosen-Orangen-Drink

Für 4 Gläser

- ***300 g frische Aprikosen***
- ***10 cl frisch gepresster Orangensaft***
- ***500 g fettarmer Kefir***
- ***1 Päckchen Vanillinzucker***
- ***50 g Zucker***

Aprikosen waschen, entsteinen und klein schneiden. Zusammen mit dem Orangensaft im Elektromixer pürieren. Kefir, Vanillinzucker und Zucker untermixen. In vier Gläser füllen und mit Trinkhalm servieren.

Apfel-Teepunsch

Für 4 Personen

- ***3-4 TL schwarze Teeblätter***
- ***1/2 l Wasser***
- ***1/2 l naturtrüber Apfelsaft***
- ***Saft von 1/2 Zitrone***
- ***50-100 g Honig***
- ***2 Zimtstangen***
- ***unbehandelte Zitronen- und Orangenschale***
- ***1 kleiner Apfel***

Teeblätter im Teefilter oder -sieb mit siedend heißem Wasser übergießen und ca. fünf Minuten ziehen lassen. Apfel schälen und in Spalten schneiden. Apfelsaft mit Zitronensaft, Honig, Zimt, Apfelspalten, Zitronen- und Orangenschale unter Rühren langsam aufkochen. Bei geringer Hitze ca. fünf Minuten ziehen lassen. Zimtstangen und Zitrusschalen herausfischen. Den Apfelsaft mit dem heißen Tee vermischen.

Weihnachtstee

Für 4-6 Personen

- **4-6 TL Ceylon Tee**
- **$^3/_4$ l Wasser**
- **2 $^1/_2$ unbehandelte Zitronen**
- **4-6 Stück Würfelzucker**
- **1 $^1/_2$ Orangen**
- **Gewürznelken**

Teeblätter im Teefilter oder -sieb mit siedend heißem Wasser übergießen und ca. fünf Minuten ziehen lassen. Die Schalen von zwei Zitronen mit dem Würfelzucker abreiben und in eine Teekanne geben. Eine halbe Orange in Scheiben schneiden, die Schale ringsherum mit Gewürznelken spicken und ebenfalls in die Teekanne geben. Auf ein Stövchen stellen und mit dem Tee und dem Saft einer halben Zitrone und einer Orange aufgießen. Vor dem Servieren kurz ziehen lassen.

Mokka-Punsch

- **50 g Schlagsahne**
- **Eigelb**
- **1 EL flüssiger Honig**
- **1-2 TL lösliches Kaffeepulver**

Sahne halbsteif schlagen. Einen Teelöffel Kaffeepulver in 100 ml heißem Wasser auflösen. Eigelb und Honig im warmen Wasserbad dick cremig schlagen. Kaffee unterrühren. In ein hitzebeständiges Glas füllen, Sahne darüber geben und etwas unterziehen. Mit dem restlichen Kaffeepulver bestreuen.

Gewürzter Schoko-Mokka

- **1 Kapsel Kardamom**
- **1 Prise Koriander**
- **200 ml Milch**
- **1 EL lösliches Kaffeepulver**
- **1 TL lösliches Kakaopulver**
- **1 EL flüssiger Honig**

Kardamomsamen aus der Kapsel lösen und im Mörser zerreiben. Mit dem Koriander in die Milch geben. Aufkochen, Kaffee- und Kakaopulver darin auflösen und mit Honig süßen.

Eier-Glühwein

- 1 Eigelb
- 1 Glühfruchtbeutel
- 1 große Tasse schwarzer Tee
- 2 Nelkenköpfe
- einige Tropfen Zitronensaft
- Zitronenscheibe
- Nelkenköpfe

Schwarzen Tee aufgießen. Mit den Nelkenköpfen ca. fünf Minuten ziehen lassen. Eigelb mit 4 cl Glühfruchtaufguss und Zitronensaft schaumig schlagen und vorsichtig mit dem Tee (Nelken vorher abseihen) vermischen. Eventuell nochmals erhitzen, aber nicht kochen! In einem hitzebeständigen Glas heiß servieren. Zitronenscheibe mit Nelken spicken und auf den Glasrand setzen.

Schokolade Mexikanisch

Für 4 Gläser

- ***½ l Milch***
- ***3 EL lösliche heiße Schokolade***
- ***1 Päckchen Vanillinzucker***
- ***½ TL Zimt***
- ***4 EL Sahne***
- ***Eigelb***
- ***1 EL Zucker***
- ***Zimtstangen***
- ***Mandeln***

Für den Kakaorand:

- ***Eiweiß und Kakaopulver***

Gläser in Eiweiß und dann in Kakao tauchen. Die Milch mit der löslichen Schokolade, Vanillinzucker, Zimt und der Sahne in einem Topf verrühren und langsam erwärmen. Das Eigelb mit Zucker verquirlen und die Schokoladen-Milch dazugeben. In die vorbereiteten Gläser füllen und mit Mandeln bestreuen.

Mohren-Kaffee

Für 6 Tassen

- ***4 Riegel bittere Schokolade***
- ***½ l Kaffee***
- ***¼ l Schlagsahne***

Die Schokolade im Wasserbad schmelzen lassen, den heißen Kaffee dazugießen und mit der Schokolade verrühren. In vorgewärmte Tassen füllen und mit einer Sahnehaube bedecken.

Café Orange do Brasil

Für 2 Tassen

- ***¼ l Kaffee***
- ***brauner Zucker***
- ***2 Orangenscheiben***

Zwei Tassen Kaffee zubereiten. Die Tassen zur Hälfte mit braunem Zucker füllen, je eine Orangenscheibe darüber geben und den heißen Kaffee aufgießen. Nicht umrühren!

Drinks nach Kategorien

Drinks mit Alkohol

Mixen mit Brandy, Cognac, Weinbrand

Mixen mit Gin

Mixen mit Rum

Mixen mit Whisky

Mixen mit Wodka

Mixen mit Likör, Tequila & Co.

Mixen mit Sekt oder Champagner

Bowlen und kalter Punsch

Kaffee, Tee und Milch mit Schuss

Heiße Getränke für kalte Tage

Drinks ohne Alkohol

Erfrischende Longdrinks

Bowlen und kalter Punsch

Kühle Drinks mit Kaffee, Tee und Milch

Heiß serviert

Drinks von A bis Z

Wir bedanken uns bei folgenden Herstellerfirmen und Agenturen für das zur Verfügung gestellte Bildmaterial:

Aalborg/Teubner, Amselfelder-Weinkellerei, Anton Riemerschmid, A. Racke, Asbach Uralt, Asmussen, Bacardi/Hosie, Bols, C. A. Kupferberg, Campari Deutschland, Carl Mertens CMS-Grasoli Besteckfabrik, Cherry Heering, CMA, Cognac/IPR & O, Deutsche Ei-Information, Deutscher Kaffee-Verband, Drambuie/Hosie, Dujardin, Eckes AG, Eggers & Franke, Gesellschaft für Europäische Kommunikation, Gordon's/Hosie, Granini, Hansen, Heide Schwarzweller/Segmenta PR, Herm. G. Dethleffsen/Dr. Muth PR, H. H. Pott Nfgr., Hirschquelle, Honig-Verband, I. B. Berentzen, IDM, Info Bananen, Informations-Centrale Eiskrem (ICE), Irish Whiskey Informationsbüro/Dr. Muth PR, Jacobs Suchard, Kirsberry/Teubner, Licor 43/Dr. Muth, Likörfabrik „Echte Kroatzbeere“, Lipton, Martini & Rossi, Melcher & Co, Melitta, Molkerei Alois Müller, natreen, Nescafé, Neuseelandkiwi, Outspan/IPR & O, Pepino Peach, Prestige, Schott-Zwiesel-Glaswerke, Schweppes/Teubner, Seagram, Smirnoff, Solberry/Teubner, Sopexa, Southern Comfort/Hosie, Studio Karl H. Rücken, Teekanne, UNI, Vaihinger, Verein Pro-Traubensaft (VPT), Verpoorten, Wild Turkey/IGM, WMF

Gesamtherstellung: NEUER HONOS VERLAG